普通高等教育"十三五"规划教材
互联网新形态一体化精品教材

大学生军事技能实训教程

主　编　易永平　张红文
副主编　尹姿云　曾海燕　吴长庚
　　　　蔡　琼　罗　斌　晏庆丰
主　审　吴温暖

北京理工大学出版社
BEIJING INSTITUTE OF TECHNOLOGY PRESS

内容简介

本书内容分为五章,分别介绍了中国人民解放军共同条令教育、射击与战术训练、防卫技能与战时防护训练、战备基础与应用训练和防空警报。

本书在内容结构上设计了教学目标,章后有实训项目模块。

版权专有　侵权必究

图书在版编目(CIP)数据

大学生军事技能实训教程/易永平,张红文主编. —北京:北京理工大学出版社,2019.8
ISBN 978-7-5682-7436-4

Ⅰ.①大… Ⅱ.①易… ②张… Ⅲ.①军事训练-高等学校-教材 Ⅳ.①G641.8

中国版本图书馆 CIP 数据核字(2019)第178214号

出版发行 / 北京理工大学出版社有限责任公司
社　　址 / 北京市海淀区中关村南大街5号
邮　　编 / 100081
电　　话 / (010)68914775(总编室)
　　　　　 (010)82562903(教材售后服务热线)
　　　　　 (010)68948351(其他图书服务热线)
网　　址 / http://www.bitpress.com.cn
经　　销 / 全国各地新华书店
印　　刷 / 北京国马印刷厂
开　　本 / 787 毫米×1092 毫米　1/16
印　　张 / 12.5　　　　　　　　　　　　　　责任编辑 / 高　芳
字　　数 / 237 千字　　　　　　　　　　　　文案编辑 / 赵　轩
版　　次 / 2019 年 8 月第 1 版　2019 年 8 月第 1 次印刷　责任校对 / 周瑞红
定　　价 / 36.80 元　　　　　　　　　　　　责任印制 / 李志强

图书出现印装质量问题,请拨打售后服务热线,本社负责调换

前言

根据《中华人民共和国国防法》《中华人民共和国兵役法》《中华人民共和国教育法》，为适应立德树人根本任务和强军目标根本要求，增强学生国防观念、国家安全意识和忧患危机意识，提高学生综合国防素质，教育部、中央军委国防动员部于2019年1月联合制定了《普通高等学校军事课教学大纲》（以下简称《大纲》）。《大纲》于2019年8月起在全国施行。本书编者认真学习贯彻《大纲》，结合学校多年来开展学生军训工作的实际，组织编写了《大学生军事技能实训教程》。

在普通高校开展军事技能训练和军事理论教学是学校立德树人、铸魂育人的重要途径，是适应国家人才培养战略，加强国防后备力量建设，培育能承担民族复兴大任的时代新人的重大战略举措。本书全面贯彻《大纲》的基本要求，融合了《大纲》规定的军事技能四大内容体系：中国人民解放军共同条令教育、射击与战术训练、防卫技能与战时防护训练、战备基础与应用训练，同时增加了防空警报的内容。本书编写中，理论联系实际，精选教学内容，突出军事技能训练的实践性，力求体系合理，思路清晰，突出时代性，增强可读性。

编写一本高质量的教材是一项艰难的工作，编写组对教材内容进行了反复研究与探讨，进行了多次修改，同时参考了大量教材、文献、专著和相关资料，并尽量将其列入参考文献，在此对相关学者、专家们表示深挚的感谢。同时由衷感谢国防科技大学刘凤健教授、厦门大学吴温暖教授的精心指导和支持。由于编写人员学术水平有限，不足之处在所难免，望各位专家、学者、驻训军官、教师和读者在阅读中提出宝贵意见，以便我们修订完善。

编写组

2019年5月

目 录

第一章 中国人民解放军共同条令教育 （1）

第一节 《内务条令》简介 （1）
一、总则 （2）
二、军人宣誓 （3）
三、军人职责 （4）
四、军队内部关系 （5）
五、军人的行为举止和日常管理 （6）
六、军事训练和野营管理 （12）
七、军旗、军徽和军歌 （12）

第二节 《纪律条令》简介 （13）
一、总则 （13）
二、纪律的主要内容 （14）
三、奖励 （15）
四、纪念章 （16）
五、处分 （17）

第三节 《队列条令》简介 （18）
一、队列纪律 （19）

二、队列指挥 ……………………………………………………（19）
　　三、队列队形 ……………………………………………………（20）
　　四、队列动作 ……………………………………………………（21）
第四节　单个军人的队列动作 …………………………………………（22）
　　一、立正 …………………………………………………………（22）
　　二、跨立 …………………………………………………………（22）
　　三、稍息 …………………………………………………………（23）
　　四、停止间转法 …………………………………………………（23）
　　五、行进 …………………………………………………………（23）
　　六、立定 …………………………………………………………（26）
　　七、步法变换 ……………………………………………………（26）
　　八、行进间转法 …………………………………………………（27）
　　九、敬礼、礼毕和单个军人敬礼 ………………………………（27）
　　十、坐下、蹲下、起立 …………………………………………（28）
　　十一、脱帽、戴帽 ………………………………………………（30）
　　十二、宣誓 ………………………………………………………（30）
　　十三、整理着装 …………………………………………………（30）
第五节　分队、部队的队列动作 ………………………………………（31）
　　一、集合、离散 …………………………………………………（31）
　　二、整齐、报数 …………………………………………………（33）
　　三、出列、入列 …………………………………………………（34）
　　四、行进、停止 …………………………………………………（35）
　　五、队形变换 ……………………………………………………（36）
　　六、方向变换 ……………………………………………………（38）
第六节　现地教学 ………………………………………………………（40）
　　一、现地教学实施 ………………………………………………（40）
　　二、现地教学主题选择 …………………………………………（42）

第二章 射击与战术训练 （44）

第一节 轻武器射击 （44）
一、性能、构造与保养 （45）
二、简易射击学理 （48）
三、武器操作 （51）
四、实弹射击 （56）

第二节 战术基础 （60）
一、单兵战术基础动作 （60）
二、分队战术 （67）

第三章 防卫技能与战时防护训练 （77）

第一节 格斗基础 （77）
一、格斗基本功 （77）
二、擒敌术 （85）

第二节 战场医疗救护 （89）
一、救护基本知识 （89）
二、个人卫生 （91）
三、意外伤的救护 （92）
四、特殊战伤的急救 （94）
五、战场自救互救 （96）

第三节 核生化防护 （106）
一、防护基本知识 （106）
二、对核生化武器的防护 （108）
三、防护装备使用 （114）

第四章 战备基础与应用训练 （117）

第一节 战备规定 （117）
一、战备规定的内容 （117）
二、战备规定的要求 （122）

第二节 紧急集合 ·· (123)
    一、紧急集合要领 ·· (123)
    二、紧急集合训练 ·· (124)

第三节 行军拉练 ·· (125)
    一、行军拉练基本要领、方法 ·································· (126)
    二、行军组织准备 ·· (130)
    三、徒步行军实践 ·· (131)
    四、宿营 ·· (132)

第四节 野外生存 ·· (134)
    一、判定方位及在复杂地形上的行进 ···························· (135)
    二、寻找水源与改善水质 ······································ (140)
    三、野外觅食 ·· (142)
    四、野外取火 ·· (145)
    五、露营 ·· (146)
    六、野炊 ·· (148)
    七、野外常见伤病的防治 ······································ (149)

第五节 电磁频谱监测 ·· (151)
    一、无线电测向的概念 ·· (152)
    二、无线电测向的基本原理 ···································· (152)
    三、80米波段无线电测向设备的操作和使用方法 ················· (155)
    四、电磁频谱监测方法训练 ···································· (158)

第六节 识图用图 ·· (161)
    一、地形对作战的影响 ·· (162)
    二、地形图基本知识 ·· (164)
    三、现地使用地图 ·· (177)

第五章 防空警报 ·· (182)
第一节 人民防空 ·· (182)

一、人民防空的定义 …………………………………… (182)

二、人民防空的重要意义 ……………………………… (183)

三、人民防空的总目标和基本措施 …………………… (184)

四、人民防空的任务 …………………………………… (185)

第二节 防空警报 …………………………………………… (185)

一、防空警报操作设备 ………………………………… (186)

二、识别防空警报种类 ………………………………… (186)

三、疏散措施 …………………………………………… (187)

四、试鸣方式 …………………………………………… (188)

参考文献 ………………………………………………………… (189)

第一章

中国人民解放军共同条令教育

教学目标

了解《中国人民解放军内务条令》(简称《内务条令》)、《中国人民解放军纪律条令》(简称《纪律条令》)、《中国人民解放军队列条令》(简称《队列条令》)的主要内容,掌握单个军人队列动作的基本要领,培养大学生良好的军事素养,增强组织观念和纪律观念,培养大学生令行禁止和团结奋进、顽强拼搏的过硬作风。

第一节 《内务条令》简介

《内务条令》是规定军人职责、军队内部关系、日常制度和管理等的法规,是全军行政管理工作和军事生活的基本准则。它为军队建设正规的生活、工作、训练和战备秩序提供了重要依据,为军人的行为规定了准则,是我军正规化建设的一项重要法规,在新时代强军建设中具有极为重要的地位和作用。

新修订的《中国人民解放军内务条令（试行）》（简称《内务条令（试行）》）于 2018 年 5 月 1 日起施行，共分 15 章 325 条，并有 10 项附录。它明确了内务建设的指导思想和原则，坚持政治建军、改革强军、科技兴军、依法治军，聚焦备战打仗，着眼新体制新要求，调整规范军队单位称谓和军人职责，充实日常战备、实战化军事训练管理内容要求；着眼从严管理、科学管理，修改移动电话和互联网使用管理、公车使用、军容风纪、军旗使用管理、人员管理等方面的规定，新增军人网络购物、新媒体使用等行为规范；着眼保障官兵权益，调整休假安排、人员外出比例和留营住宿等规定，新增训练伤防护、军人疗养、心理咨询等方面的要求。

一、总则

总则是条令基本精神和原则的高度概括，是条令的总纲，其内容有很重的分量和深刻的含义。除规定制定条令的目的和依据外，总则主要规定了以下四个方面的内容。

（一）内务建设的地位及基本任务

《内务条令（试行）》指出，中国人民解放军的内务建设，是军队进行各项建设的基础，是巩固和提高战斗力的重要保证。基本任务是，使每个军人明确和认真履行职责，维护军队良好的内外关系，建立正规的战备、训练、工作、生活秩序，培养优良的作风和严格的纪律，保证军队圆满完成任务。

（二）我军的性质和新时代的使命任务

《内务条令（试行）》指出，中国人民解放军是中国共产党缔造和领导的，用马克思列宁主义、毛泽东思想、邓小平理论、"三个代表"重要思想、科学发展观、习近平新时代中国特色社会主义思想武装的人民军队，是中华人民共和国的武装力量，是人民民主专政的坚强柱石。中国人民解放军必须始终不渝地保持人民军队的性质，忠于党，忠于社会主义，忠于祖国，忠于人民。中国人民解放军在新时代的使命任务是，坚决维护中国共产党的领导和中国特色社会主义制度，坚决维护国家主权、安全、发展利益，坚决维护国家发展的重要战略机遇期,坚决维护地区与世界和平,为实现"两个一百年"奋斗目标、实现中华民族伟大复兴的中国梦提供战略支撑。

(三) 我军建设的指导思想

《内务条令(试行)》指出,建设一支听党指挥、能打胜仗、作风优良的人民军队,是党在新时代的强军目标。中国人民解放军必须高举中国特色社会主义伟大旗帜,坚持党的基本理论、基本路线、基本方略,贯彻毛泽东军事思想、邓小平新时期军队建设思想、江泽民国防和军队建设思想、胡锦涛国防和军队建设思想、习近平强军思想,贯彻新形势下军事战略方针,坚持走中国特色强军之路,坚持政治建军、改革强军、科技兴军、依法治军,更加注重聚焦实战,更加注重创新驱动,更加注重体系建设,更加注重集约高效,更加注重军民融合,全面加强军队革命化、现代化、正规化建设,构建中国特色现代作战体系,提高有效履行新时代军队使命任务能力,不忘初心,牢记使命,为实现党在新时代的强军目标、全面建成世界一流军队而奋斗。

(四) 内务建设必须贯彻的五条基本原则

《内务条令(试行)》指出,中国人民解放军的内务建设,必须贯彻政治建军原则,必须贯彻改革强军战略,必须贯彻科技兴军战略,必须贯彻依法治军方略,必须始终聚焦备战打仗。

二、军人宣誓

军人宣誓,是军人对自己肩负的神圣职责和光荣使命的承诺和保证。条令规定公民入伍后,必须进行军人宣誓。

(一) 军人誓词的内容

我是中国人民解放军军人,我宣誓:服从中国共产党的领导,全心全意为人民服务,服从命令,忠于职守,严守纪律,保守秘密,英勇顽强,不怕牺牲,苦练杀敌本领,时刻准备战斗,绝不叛离军队,誓死保卫祖国。

(二) 军人宣誓的基本要求

(1) 宣誓时间不迟于入伍(入校)后90日。

(2) 宣誓前，部（分）队首长应当对宣誓人进行中国人民解放军性质、宗旨、任务和军人使命等教育。

(3) 宣誓必须庄重严肃，着装整齐；宣誓地点通常选择在具有教育意义的场所；旅（团）级以上单位组织宣誓时，通常举行迎军旗和送军旗仪式。

(4) 宣誓可以结合授衔、授装进行。

(5) 宣誓结束后，宣誓人应当在所在单位的宣誓名册上签名；宣誓名册按照规定存档。

三、军人职责

军人职责是军人在各自岗位上行使的职权和应当承担的责任与义务。条令对军人职责的规定分为三类：一是士兵职责；二是军官职责；三是主管人员职责。规定军人职责，是为了使每个军人明确党、国家和人民对自己的要求，了解自己肩负的重任，有利于增强军人的责任感、使命感和荣誉感，有利于增强全体军人履行职责的自觉性。

中国人民解放军的各军兵种中，绝大多数单位由军官、士官和义务兵构成，本章主要介绍其各自的基本职责。

（一）中国人民解放军义务兵的基本职责

(1) 努力学习马克思列宁主义、毛泽东思想、邓小平理论、"三个代表"重要思想、科学发展观、习近平新时代中国特色社会主义思想，贯彻党的路线、方针、政策，遵守国家的法律法规，执行军队的法规制度。

(2) 服从命令，听从指挥，英勇顽强，不怕牺牲，坚决完成任务。

(3) 刻苦训练，熟练掌握军事技能，努力提高打仗本领。

(4) 熟练操作使用和认真维护武器装备，使其经常保持良好状态。

(5) 严守纪律，服从管理，尊重领导，团结同志，爱护集体荣誉，维护良好形象。

(6) 艰苦奋斗，厉行节约，爱护公物。

(7) 积极学习科学技术和文化知识，提高科学文化素养。

(8)落实安全要求,严格保守国家和军队的秘密。

(二)中国人民解放军士官的基本职责

中国人民解放军士官除履行义务兵的基本职责外,还应当履行以下职责:

(1)刻苦钻研专业技术,精通本职业务;

(2)勇挑重担,以身作则,积极发挥骨干作用;

(3)协助军官做好思想政治工作和行政管理工作;

(4)尊重领导,团结同志,积极发挥纽带作用。

(三)中国人民解放军军官的基本职责

(1)深入学习马克思列宁主义、毛泽东思想、邓小平理论、"三个代表"重要思想、科学发展观、习近平新时代中国特色社会主义思想,贯彻党的路线、方针、政策,遵守国家的法律法规,执行军队的法规制度。

(2)服从命令,听从指挥,身先士卒,冲锋在前。

(3)精通本职业务,掌握打仗本领,坚决完成各项任务。

(4)熟练掌握和认真管理所配备的装备,使其保持良好状态。

(5)忠诚勇敢,敢于担当,清正廉洁。

(6)爱护士兵,尊重下级,团结同志,自觉接受教育、管理和监督,处处做好表率。

(7)拥政爱民,维护军队良好形象。

(8)带头落实安全要求,严格保守国家和军队的秘密,防范事故、案件。

四、军队内部关系

军队内部关系主要是军人相互关系、官兵关系、机关相互关系、部(分)队相互关系。中国人民解放军军人,不论职位高低,在政治上一律平等,相互间是同志关系。军人之间应当保持健康、纯洁的相互关系。严禁吹吹拍拍、阿谀奉承,严禁拉帮结派、团团伙伙,严禁收受钱物、吃请请吃,严禁压制民主、打击报复。

军官、士兵依行政职务和军衔,构成首长与部属、上级与下级或者同级关系。在行政职务上构成隶属关系时，行政职务高的是首长又是上级，行政职务低的是部属又是下级，部属的上一级首长是直接首长；在行政职务上未构成隶属关系时，行政职务高的是上级，行政职务低的是下级，行政职务相当的是同级；在相互不知道行政职务时，军衔高的是上级，军衔低的是下级，军衔相同的是同级。

文职干部与军官、士兵之间，文职干部之间依隶属关系和行政职务，构成首长与部属、上级与下级或者同级关系。

部属、下级必须服从首长、上级。同级之间应当互相尊重，密切配合，团结协作。

五、军人的行为举止和日常管理

（一）军队内部的礼节

军人必须有礼节，体现军人的文明素养，促进军队内部的团结友爱和互相尊重。军人敬礼分为举手礼、注目礼和举枪礼。着军服时，通常行举手礼。携带武器装备或者因伤病残不便行举手礼时，行注目礼。举枪礼仅限于执行阅兵和仪仗任务时使用。

军人之间通常称职务，或者姓加职务，或者职务加同志。首长和上级对部属和下级以及同级间的称呼，可以称姓名或者姓名加同志；下级对上级，可以称首长或者首长加同志。在公共场所和不知道对方职务时，可以称军衔加同志或者同志。

军人听到首长和上级呼唤自己时，应当立即答"到"。回答首长问话时，应当自行立正。领受首长口述命令、指示后，应当回答"是"。

（二）军人着装

1. 着装的基本要求

军人应当配套穿着军服，佩带军衔、级别资历章（勋表）等标志服饰，做到着装整洁庄重、军容严整、规范统一。军人退出现役后，参加国家和军队组织的重大纪念、庆典活动，通常着便服，也可以按照活动组织单位的要求，着服役期间的军服,佩带国家和军队统一颁发的徽章。

军队单位和个人不得自制军服,不得购买仿制军服以及标志服饰。军人不得变卖、拆改军服,不得将军服和标志服饰出借或者赠送给地方单位和人员。

2. 作训服

军人在作战、战备、训练、执勤、遂行非战争军事行动任务时,应当着作训服。其他需要统一着作训服的时机和场合,由旅(团)级以上单位确定。

(1)着夏作训服时,通常不扣上衣第一粒钮扣,可以将衣袖上卷(穿着前,先将袖子向外翻卷至腋下缝处,然后将袖口以外部分向外翻卷至与袖口接缝处,再将袖口下翻盖住翻卷部分),扣好钮扣,迷彩图案或者袖口正面外露。

(2)着冬作训服时,应当将上衣拉链拉到顶,衣领对折外翻,扣好钮扣。着作训大衣时,应当将拉链拉到顶,扣好钮扣;使用风帽时,可以取下绒领;不使用风帽时,可以取下风帽。

(3)着作训服,通常穿作战靴(裤口扣紧塞入靴内,系带扎紧塞入靴内);课外(业余)活动时,可以穿作训鞋(裤口扣紧)。参加训练、执勤、操课、检(校)阅或者携带武器、战斗装具时,应当扎编织外腰带。着作训服佩带武器装具的相关标准和要求,按照有关规定执行。

(4)体能训练服,通常在体能训练、课外(业余)活动时穿着。

3. 常服

军人在日常工作、学习、集体生活时,通常着常服。

(1)春秋常服,通常在春季、秋季穿着;驻高原、寒冷地区的部队,冬季驻南方地区的部队,可以根据实际情况统一穿着。海军军人着春秋常服时,由旅级以上单位确定统一着白色或者藏青色春秋常服。

(2)夏常服,通常在夏季穿着;春季、秋季驻南方地区的部队,可以根据实际情况统一穿着。着夏常服时,应当戴夏常服帽,不系领带,不扣领扣,下摆扎于裤(裙)内;着长袖夏常服时,应当扣好上衣袖口、袖衩钮扣。

(3)冬常服、制式毛衣(绒衣)、棉大衣、常服大衣,通常在冬季穿着。春季、秋季驻寒区的部队,可以根据实际情况统一穿着冬常服。着冬常服或者制式毛衣（绒衣）时，可以统一外穿棉大衣或者常服大衣。着冬常服、常服大衣时，通常戴常服大檐帽（卷檐帽），根据实际需要可以由旅（团）级以上单位确定戴冬帽。穿常服大衣时，可以围制式围巾。围巾置于大衣领内，竖向对折，折口朝下围于脖领处，围巾上沿高于大衣领不得超过3厘米；围巾折口在衣领前交叉，男军官的左压右，女军官的右压左。冬季在室内非集体活动时可以外着制式毛衣（男军人内着制式衬衣、不系领带、不扣领扣）、绒衣。

（4）着春秋常服、冬常服参加操课、检（校）阅时，通常扎外腰带。

4. 礼服

中国人民解放军仪仗队官兵执行仪仗司礼任务时，应当着仪仗队礼宾服。

（三）仪容

军人应当军容严整，遵守下列规定：

（1）着军服在营区外以及在室内携带武器时，应当戴军帽；着军服在室（户）外通常戴军帽，不戴军帽的时机和场合由旅（团）级以上单位确定；戴作训帽、大檐帽（卷檐帽）、夏常服帽时，帽檐前缘与眉同高；戴冬帽时，护脑下缘距眉约1.5厘米；水兵帽稍向右倾，帽墙下缘距右眉约1.5厘米，距左眉约3厘米；军官大檐帽饰带应当并拢，并保持水平；士兵大檐帽风带不用时应当拉紧并保持水平；大檐帽（卷檐帽）、水兵帽松紧带不使用时，不得露于帽外；

（2）除军人宣誓仪式、晋升（授予）军衔仪式、授旗仪式等重要集体活动和卫兵执勤外，着军服进入室内通常自行脱帽，按照规定放置，组织其他集体活动时可以统一脱帽；驾驶和乘坐车辆时，可以脱帽；因其他特殊情况不适宜脱帽时，由在场最高首长临时确定；

（3）着军服时应当穿军鞋、穿制式袜子；在实验室、重要洞库等特殊场所，可以统一穿具有防尘、防静电等功能的工作用鞋（袜）；不得赤脚穿鞋；

（4）着军服时应当按照规定扣好衣扣，不得挽袖（着夏作训服时除外），不得披衣、敞怀、卷裤腿；

（5）军服内着毛衣、绒衣、绒背心、棉衣时，下摆不得外露；着衬衣（内衣）时，下摆扎于裤内；内着非制式衣服的不得外露；

（6）不得将军服外衣与便服外衣混穿；

（7）不得将摘下标志服饰的军服作便服穿着；

（8）不得着印有不文明图案、文字的便服；不得衣冠不整、穿着暴露、袒胸露背进入办公场所；

（9）不得着自制、仿制的军服；

（10）着军服时不得骑乘非军用摩托车。

（四）举止

军人必须举止端正，谈吐文明，军语标准，精神振作，姿态良好。不得袖手、背手和将手插入衣袋，不得边走边吸烟、吃东西、扇扇子，不得搭肩挽臂。

军人参加集会、晚会，必须按照规定的时间和顺序入场，按照指定的位置就座，遵守会场秩序，不得迟到早退。散会时，依次退场。

军人外出，必须遵守公共秩序和交通规则，遵守社会公德，举止文明，自觉维护军队的声誉。不得猬集街头、嬉笑打闹和喧哗。乘坐公共交通工具时，主动给老人、幼童、孕妇和伤、病、残人员让座。与他人发生纠纷时，应当依法处理。

军人遇到人民群众生命财产受到严重威胁时，应当见义勇为，积极救助。

军人不得赌博、打架斗殴，不得参加迷信活动。

军人不得酗酒，不得违规喝酒，不得酒后驾驶机动车辆、舰（船）艇、飞机以及操作武器装备。

军人不得参加宗教组织和宗教活动，不得围观和参与社会游行、示威、静坐等活动，不得传抄、张贴、私藏非法印刷品，不得组织和参与串联、集体上访。军人在网络购物、邮寄物品、使用共享交通工具等需要填写单位、身份等信息时，不得涉及部队番号和其他军事秘密。

军人不得购买、传看渲染色情、暴力、迷信和低级庸俗的书刊、图片以及音（视）频，不得购买、私存、携带管制刀具、仿真枪等违禁物品。

军人在公共场所和其他禁止吸烟的场所不得吸烟。

军队文艺工作者扮演我军官兵，军人给报纸、杂志等提供军人肖像，着军服主持节目、参加访谈，必须严格执行军容风纪的规定，维护军队和军人形象。

军人不得摆摊设点，不得以军人的名义、肖像做商业广告。

（五）基层单位一日生活

基层单位一日生活有起床、早操、整理内务和洗漱、开饭、操课、午睡（午休）、课外活动、点名和就寝。

1. 起床

听到起床号（信号）后，全体人员立即起床（值班员应当提前 10 分钟起床），按照规定着装，迅速做好出操准备。各类值班（值日）人员按照规定认真履行职责；卫生员检查各班、排有无病号，对患病者根据情况处理。因集体活动超过熄灯时间 1 小时的，部（分）队首长可以确定推迟次日起床时间。

2. 早操

除休息日和节假日外，连队（队、站、室、所、库）通常每日出早操，每次时间通常为 30 分钟，主要进行体能训练或者队列训练。除担任公差、勤务的人员和经医务人员建议并经连队（队、站、室、所、库）首长批准休息的伤病员外，所有人员都应当参加早操。听到出操号（信号）后，全体人员迅速集合，检查着装和携带的武器装备，跑步带到集合场，向值班员报告。值班员整理队伍，清查人数，向连队（队、站、室、所、库）首长报告，由首长或者值班员带队出操。结合早操，每半月至少进行 1 次着装、仪容和个人卫生的检查，每次不超过 10 分钟。营级单位每季度、旅（团）级单位每半年组织 1 次会操。驻城市部队不得到营区外出早操；出早操时，应当避免影响营区周围居民休息。

3. 整理内务和洗漱

早操后，整理内务、清扫室内外和洗漱，时间不超过 30 分钟。连队（队、站、室、所、库）值班员检查内务卫生。连队（队、站、室、所、库）首长每周组织 1 次内务卫生检查。

4. 开饭

按照规定时间准时开饭。就餐时间通常不超过 30 分钟。听到开饭号（信号）

后，列队带到食堂门前，整队后依次进入。就餐时保持肃静，餐毕自行离开。休息日和节假日坚持三餐制。

5. 操课

操课前，根据课目内容做好准备。听到操课号（信号）后，迅速集合整队，清查人数，检查着装和装备、器材，带到课堂（训练场、作业场）。操课中，按照计划要求周密组织，认真听讲，精心操作，遵守课堂（训练场、作业场）纪律，严防事故。课间休息（操课通常每小时休息10分钟，野外作业和实弹射击时根据情况确定休息时间），由值班员发出休息信号；休息完毕，发出继续操课信号。操课结束后，检查装备，清理现场，集合整队，进行讲评。操课往返途中应当队列整齐，歌声嘹亮。

6. 午睡（午休）

听到午睡号（信号）后，除执勤和经批准执行其他任务的人员外均应当卧床休息，保持肃静，不得进行其他活动，值班员检查人员午睡情况。午休时间由个人支配，但不得私自外出，不得影响他人休息。

7. 课外活动

晚饭后的课外活动时间，每周除个人支配2至3次外（人员不得随意外出），其余由连队（队、站、室、所、库）安排。

8. 点名

连队（队、站、室、所、库）通常每日点名，休息日和节假日必须点名。点名由1名连队（队、站、室、所、库）首长实施。每次点名不得超过15分钟。点名通常以连队（队、站、室、所、库）为单位于就寝前或者其他时间列队进行。点名的内容通常包括清点人员、生活讲评、宣布次日工作或者传达命令、指示等。点名前，连队（队、站、室、所、库）首长应当商定内容；由值班员发出点名信号并迅速集合全体人员，整队，清查人数，整理着装，向连队（队、站、室、所、库）首长报告。唱名清点人员时，可以清点全体人员，也可以清点部分人员。如以排为单位点名，连队（队、站、室、所、库）首长和值班员应当进行督促检查。

9. 就寝

连队（队、站、室、所、库）值班员在熄灯号（信号）前10分钟，发出准备就寝信号，督促全体人员做好就寝准备。就寝人员应当放置好衣物装具，听到熄灯号（信号）立即熄灯就寝，保持肃静。休息日和节假日的前一日可以推迟就寝，时间通常不超过1小时。

六、军事训练和野营管理

新修订的《内务条令（试行）》，增加了军事训练和野营管理章节。规定要把实战化贯穿渗透于军事训练管理全过程各领域，坚持战训一致、训管结合，坚持依法治训、按纲施训，端正训风、演风、考风，从实战需要出发从难从严组训，确保人员、内容、时间、质量落实。各级应当严格落实军事训练基本制度，以训促管，以管促训，正规训练秩序，强化作风养成。军人应当严格执行通用体能训练标准，落实军人体重强制达标要求等。

七、军旗、军徽和军歌

（一）军旗

军旗包括中国人民解放军军旗和陆军军旗、海军军旗、空军军旗、火箭军军旗。军旗是中国人民解放军的标志，是中国人民解放军荣誉、勇敢和光荣的象征。军人必须维护和捍卫军旗的尊严。中国人民解放军军旗在重大节日、典礼、检（校）阅、隆重集会、游行和军人宣誓等时机使用。

（二）军徽

中国人民解放军军徽是中国人民解放军的象征和标志。1949年6月，中国人民解放军的军徽样式定为镶金黄色边的五角红星，中嵌金黄色"八一"两字，亦称"八一"军徽。军人必须爱护军徽，维护军徽的尊严。

（三）军歌

中国人民解放军军歌是中国人民解放军性质、宗旨和精神的体现，原名为《八路军进行曲》，创作于1939年，是组歌《八路军大合唱》中的一首。解放战争时期，被更名为《中国人民解放军进行曲》，歌词略有改动。1988年7月25日，中央军委正式颁布命令，将《中国人民解放军进行曲》定为中国人民解放军军歌。

军歌可以在下列时机、场合奏唱：军队单位举办的庆典和重要集会；重要外事活动和重大国际性集会；部队迎军旗、校阅、队列行进和集会；其他维护以及显示军队威严的时机、场合。军人奏唱军歌时，应当自行立正，举止庄重，肃立致敬，自始至终跟唱；集会奏唱时，应当统一起立；着军服参加外事活动，听到奏国歌时行举手礼。

实训项目

内务整理训练。

第二节 《纪律条令》简介

《纪律条令》是以法规形式规定军队纪律的条令，是军人的行为准则和军队维护纪律、实施奖惩的基本依据，是维护部队高度稳定和集中统一、巩固和提高战斗力的强有力的武器，是保障我军其他条令、条例、规章制度贯彻落实的一个保障性法规，对于依法治军、从严治军和军队正规化建设具有十分重要的作用。

新颁布的《中国人民解放军纪律条令（试行）》（简称《纪律条令（试行）》）于2018年5月1日起施行，共分10章262条，并有8项附录。在三大条令中，《纪律条令》不仅是诞生最早的，也是修订次数最多的，这是《纪律条令》的第17次修订。

一、总则

总则主要规定了六个方面的内容：一是制定的目的和依据；二是条令的法律地位和适用范围；三是维护和巩固纪律必须贯彻的思想；四是我军纪律的性质、作用和维护纪律必须遵循的原则；五是奖惩与维护纪律的关系；六是全体军人维护纪律的责任和义务等。

二、纪律的主要内容

新颁布的《纪律条令（试行）》围绕听党指挥、备战打仗和全面从严治军，提出了政治纪律、组织纪律、作战纪律、训练纪律、工作纪律、保密纪律、廉洁纪律、财经纪律、群众纪律、生活纪律共10方面纪律的内容要求。

（一）政治纪律

遵守政治纪律，对党忠诚，立场坚定。坚定不移贯彻执行党的路线、方针、政策，坚持党对军队绝对领导的根本原则和制度，牢固树立政治意识、大局意识、核心意识、看齐意识，坚决维护权威、维护核心、维护和贯彻军委主席负责制，自觉在思想上政治上行动上同党中央、中央军委保持高度一致，在重大政治斗争中立场坚定，在重大原则问题上旗帜鲜明。

（二）组织纪律

遵守组织纪律，民主集中，服从组织。坚决维护党委统一的集体领导下的首长分工负责制，坚持民主集中制根本组织制度和领导制度，坚决服从组织。

（三）作战纪律

遵守作战纪律，服从命令，听从指挥，英勇善战。有令必行，有禁必止，坚决执行命令，严格遵守战场纪律，勇敢顽强完成各种作战任务。

（四）训练纪律

遵守训练纪律，按纲施训，从难从严。按实战标准，坚持仗怎么打兵就怎么练，科学组训，真训实训，严格军事训练人员、内容、时间、质量落实，端正训风演风考风，克服以牺牲战斗力为代价消极保安全，坚决完成军事训练任务，不断提高部队战斗力。

（五）工作纪律

遵守工作纪律，爱岗敬业，忠于职守。严守岗位，尽职尽责，勤奋工作，遵守工作章程和制度规定，圆满完成各项任务。

（六）保密纪律

遵守保密纪律，严守规定，保守秘密。严格遵守国家和军队的保密法规，军事秘密制作、存储、收发、传递、使用、复制、保管、移交、销毁全过程必须严格执行保密规定，加强涉密载体使用管理，防止出现失密、泄密、窃密、卖密问题。

（七）廉洁纪律

遵守廉洁纪律，干净做事，清白做人。筑牢拒腐防变的思想防线，带头践行当代革命军人核心价值观，讲修养、讲道德、讲诚信、讲廉耻，带头执行廉洁自律准则，自觉同特权思想和特权现象作斗争。

（八）财经纪律

遵守财经纪律，依法管财，科学理财，节俭用财。严格执行财经法规制度，依法决策财经事项，精准管理经费资产，强化收支管控，提高使用绩效，确保财务安全，防止出现财经违规问题。

（九）群众纪律

遵守群众纪律，拥政爱民，军民一致。坚持全心全意为人民服务的宗旨，自觉维护人民群众利益，不与民争利，不侵占和损害人民群众合法权益。

（十）生活纪律

遵守生活纪律，志趣高尚，行为规范。培养良好生活习惯，情趣高雅，追求高尚，生活俭朴，遵守社会公德、家庭美德，遵守社会公序良俗，自觉维护公共场所秩序和良好社会风尚。

三、奖励

奖励的目的在于鼓励先进，维护纪律，调动官兵的积极性、创造性，发扬爱国主义、共产主义和革命英雄主义精神，保证作战、训练和其他各项任务的完成。

奖励应当坚持下列原则：严格标准，按绩施奖；发扬民主，贯彻群众路线；精神奖励和物质奖励相结合，以精神奖励为主，注重发挥物质奖励的激励作用。

对个人的奖励项目包括：嘉奖；三等功；二等功；一等功；荣誉称号；八一勋章。规定的奖励项目，依次以嘉奖为最低奖励，八一勋章为最高奖励。根据需要，中央军委可以设立其他勋章。

对单位的奖励项目包括：嘉奖；三等功；二等功；一等功；荣誉称号。规定的奖励项目，依次以嘉奖为最低奖励，荣誉称号为最高奖励。

四、纪念章

（一）纪念章的种类

纪念章主要有作战纪念章、重大任务纪念章、国防服役纪念章、卫国戍边纪念章、献身国防纪念章、和平使命纪念章等。

1. 作战纪念章

作战纪念章颁发给直接执行作战任务的人员。该纪念章的具体名称和颁发范围，由中央军委政治工作部拟定并报中央军委批准。

2. 重大任务纪念章

重大任务纪念章颁发给执行中央军委赋予的抢险救灾、反恐维稳、处置突发事件等重大军事行动任务的人员。该纪念章的具体名称和颁发范围，由中央军委政治工作部拟定并报中央军委批准。

3. 国防服役纪念章

国防服役纪念章颁发给服现役满8年以上的人员，其中，服现役满8年以上、不满16年的，授予铜质纪念章；服现役满16年以上、不满30年的，授予银质纪念章；服现役满30年以上的，授予金质纪念章。

4. 卫国戍边纪念章

卫国戍边纪念章颁发给在边海防、边远艰苦地区服现役的人员，其中，对在第一、二等级边远艰苦地区累计服现役满1年的；在第三等级边远艰苦地区累计服现役满2年的；在第四等级边远艰苦地区累计服现役满3年的；在第五等级边远艰苦地区累计服现役满4年的；在第六等级边远艰苦地区累计服现役满5年的，可以授予铜质纪念章。在上述边远艰苦地区服现役时间，累计达到以上相应规定时间2倍以上的，可以授予银质纪念章；累计达到以上相应规定时间3倍以上的，可以授予金质纪念章。

5. 献身国防纪念章

献身国防纪念章颁发给烈士和因公牺牲、因公致残的人员，其中，给烈士颁发金质纪念章，给因公牺牲军人颁发银质纪念章，给因公致残军人颁发铜质纪念章。

6. 和平使命纪念章

和平使命纪念章颁发给执行联合国维持和平行动、联合反恐、联合军演、援外活动等军事任务的人员。

根据需要，中央军委可以向参与特定时期、特定领域、重大工作的个人颁发其他纪念章。

（二）纪念章的颁发对象

纪念章的颁发对象由团级以上单位政治工作部门逐级审核呈报，军级以上单位政治工作部门审定并以通知形式发布，团级以上单位举行仪式颁发。作战纪念章、重大任务纪念章、和平使命纪念章，通常在任务结束后颁发；国防服役纪念章、卫国戍边纪念章，通常结合年度奖励颁发；献身国防纪念章，在批准为烈士、确认为因公牺牲或者认定为因公致残后颁发。

五、处分

（一）处分的目的和原则

处分的目的在于严明纪律，教育违纪者和部队，强化纪律观念，维护集中统一，巩固和提高部队战斗力。

处分应当坚持下列原则：依据事实，惩戒恰当；惩前毖后，治病救人；纪律面前人人平等。

（二）处分的项目

对义务兵的处分项目有：警告；严重警告；记过；记大过；降职或者撤职；降衔；除名；开除军籍。规定的处分项目，依次以警告为最轻处分，开除军籍为最重处分。降职不适用于副班长，降衔不适用于列兵。

对士官的处分项目有：警告；严重警告；记过；记大过；降职或者撤职；降衔；开除军籍。规定的处分项目，依次以警告为最轻处分，开除军籍为最重处分。降职不适用于副班长；降衔不适用于下士；降职或者降衔通常只降一职或者一衔；降职、降衔后，其职务、军衔晋升的期限按照新的职务、军衔等级重新计算。

对军官（文职干部）的处分项目有：警告；严重警告；记过；记大过；降职（级）或者降衔（级）；撤职；开除军籍。规定的处分项目，依次以警告为最轻处分，开除军籍为最重处分。降职（级），即降低职务等级（专业技术等级）；降衔（级），即降低军官军衔（文职干部级别）。降职（级）不适用于排级和专业技术十四级军官（办事员级和专业技术十四级文职干部）；降衔（级）不适用于少尉军官（九级文职干部）。降职（级）、降衔（级）通常只降一职（级）或者一衔（级）。对被撤职的军官（文职干部），至少降低一职（级）待遇；对被撤职的排级和专业技术十四级军官（办事员级和专业技术十四级文职干部），不适用于降职（级）待遇。降职（级）、降衔（级）后，其职（级）、衔（级）晋升的期限按照新的职（级）、衔（级）重新计算。

实训项目

学习三大纪律、八项注意

三大纪律：一切行动听指挥；不拿群众一针一线；一切缴获要归公。

八项注意：说话和气；买卖公平；借东西要还；损坏东西要赔偿；不打人骂人；不损坏庄稼；不调戏妇女；不虐待俘虏。

第三节 《队列条令》简介

《队列条令》是规范部队和单个军人队列动作的法规，是全军队列训练与队列生活的准则和依据。队列，是军人进行集体活动必不可少的组织形式。在军队的训练、工作和生活中，凡是集体活动都离不开队列。我军历来重视队列训练和队列生活，并将队列训练作为制式训练的一个重要内容。认真执行《队列条令》，对于进一步规范全军的队列生活，培养优良的作风和严格的组织纪律，保持军队的高度集中统一，加强我军正规化建设，提高部队的战斗力，具有十分重要的意义。

新颁布的《中国人民解放军队列条令（试行）》（简称《队列条令（试行）》）于2018年5月1日起施行，共分10章89条，并有4项附录。《队列条令（试行）》最大亮点是充实完善仪式规范。按照聚焦实战、立足实际、注重实效的原则，条令将3种仪式整合增加至17种，这将进一步激励官兵士气、展示我军良好形象、激发爱国爱军热情。在纪念仪式、军人葬礼仪式等活动中设置鸣枪礼环节。

一、队列纪律

坚决执行命令，做到令行禁止；姿态端正，军容严整，精神振作，严肃认真；按照规定的位置列队，集中精力听指挥，动作迅速、准确、协调一致；保持队列整齐，出列、入列应当报告并经允许。

二、队列指挥

《队列条令（试行）》主要规定了队列指挥位置、队列指挥方法、队列指挥要求。

（一）队列指挥位置

指挥位置应当便于指挥和通视全体。通常是：停止间，在队列中央前；行进间，纵队时在队列左侧中央前或者偏后，必要时在队列中央前，横队、并列纵队时在队列左侧前或者左侧，必要时在队列右侧前（右侧）或者左（右）侧后。

（二）队列指挥方法

队列指挥通常用口令。行进间，动令除向左转走和齐步、正步互换及敬礼、礼毕时落在左脚，其他均落在右脚。变换指挥位置，通常用跑步（5步以内用齐步），进到预定的位置后，成立正姿势下达口令。纵队行进时，可以在行进间下达口令。

（三）队列指挥要求

指挥位置正确；姿态端正，精神振作，动作准确；口令准确、清楚、洪亮；熟练掌握和运用队列指挥方法；认真清点人数，检查着装，按照规定组织验枪；严格要求，维护队列纪律。

三、队列队形

《队列条令（试行）》规定了队列的基本队形、列队的间距和班、排、连、营、旅的队形。

（一）基本队形

队列的基本队形为横队、纵队、并列纵队；需要时，可以调整为其他队形。

（二）列队的间距

队列人员之间的间隔（两肘之间）通常约10厘米，距离（前一名脚跟至后一名脚尖）约75厘米；需要时，可以调整队列人员之间的间隔和距离。

（三）班的队形

班的基本队形，分为横队和纵队；需要时，可以成二列横队或者二路纵队。班通常按照身高列队，必要时按照战斗序列列队。

（四）排的队形

排的基本队形，分为横队和纵队。排横队，由各班的班横队依次向后排列组成。排纵队，由各班的班纵队依次向右并列组成。排长的列队位置：横队时，在第一列基准兵右侧；纵队时，在队列中央前。

（五）连的队形

连的基本队形，分为横队、纵队和并列纵队。连横队，由各排的排横队依次向左并列组成。连纵队，由各排的排纵队依次向后排列组成。连并列纵队，由各排的排纵队依次向左并列组成。连部和炊事班等，以二列（路）或者三列（路）

组成相应的队形，位于本连队尾。连指挥员的列队位置：横队、并列纵队时，位于一排长右侧，前列为连长、副连长，后列为政治指导员、副政治指导员；纵队时，位于一排长前，前列为连长、政治指导员，后列为副连长、副政治指导员（未编有副政治指导员时，后列中央为副连长）。

（六）营的队形

营的基本队形，分为横队、纵队和并列纵队。营横队，由各连的并列纵队依次向左并列组成。营纵队，由各连的连纵队依次向后排列组成。营并列纵队，由各连的连纵队依次向左并列组成。营部所属人员编为三列（路）队形，按照编制序列列队。营属其他分队，采用同连相应的队形，按照编制序列列队，位于本营队尾。营指挥员的列队位置：横队、并列纵队时，位于营部右侧，前列为营长、副营长，后列为政治教导员（编有副政治教导员时，为政治教导员、副政治教导员）；纵队时，位于营部前，前列为营长、政治教导员，后列中央为副营长（编有副政治教导员时，后列为副营长、副政治教导员）。

（七）旅的队形

旅的基本队形，分为营横队的旅横队、营并列纵队的旅横队和旅纵队。营横队的旅横队，由各营的营横队依次向左并列组成。营并列纵队的旅横队，由各营的营并列纵队依次向左并列组成。旅纵队，由各营的营纵队依次向后排列组成。旅机关按照编制序列以及旅队形性质，编成纵队或者横队，位于第一营前或者右侧。旅属其他分队，应当采用同营、连相应的队形，按照编制序列列队，位于本旅队尾。旅指挥员的列队位置：各种队形中，旅指挥员成二路。横队时，位于旅机关右侧，右路为旅长、副旅长、参谋长，左路为政治委员、副政治委员；纵队时，位于旅机关前，左路为旅长、副旅长、参谋长，右路为政治委员、副政治委员。军旗位置：掌旗员和护旗兵成一列。横队时，在旅指挥员右侧；纵队时，在旅指挥员前。

其他分队、部队的队形，参照以上规定执行。

四、队列动作

《队列条令（试行）》规定了单个军人的队列动作，以及分队、部队的队列动作。单个军人的队列动作具体内容在本章第四节介绍；分队、部队的队列动作具体内容在本章第五节介绍。

实训项目

队列队形训练。

第四节　单个军人的队列动作

单个军人的队列动作主要有立正，跨立，稍息，停止间转法，行进，立定，步法变换，行进间转法，敬礼、礼毕和单个军人敬礼，坐下、蹲下、起立，脱帽、戴帽，宣誓和整理着装等。

一、立正

立正是军人的基本姿势，是队列动作的基础。军人在宣誓、接受命令、进见首长和向首长报告、回答首长问话、升降国旗、迎送军旗、奏唱国歌和军歌等严肃庄重的时机和场合，均应当立正。

口令：立正。

要领：两脚跟靠拢并齐，两脚尖向外分开约 60 度；两腿挺直；小腹微收，自然挺胸；上体正直，微向前倾；两肩要平，稍向后张；两臂下垂自然伸直，手指并拢自然微曲，拇指尖贴于食指第二节，中指贴于裤缝；头要正，颈要直，口要闭，下颌微收，两眼向前平视。参加阅兵时，下颌上仰约 15 度。

二、跨立

跨立即跨步站立，主要用于训练、执勤和舰艇上分区列队等场合，可以与立正互换。

口令：跨立。

要领：左脚向左跨出约一脚之长，两腿挺直，上体保持立正姿势，身体重心落于两脚之间；两手后背，左手握右手腕，拇指根部与外腰带下沿或者内腰带上沿同高；右手手指并拢自然弯曲，拇指贴于食指第二节，手心向后。携枪时不背手。

三、稍息

口令：稍息。

要领：左脚顺脚尖方向伸出约全脚的三分之二，两腿自然伸直，上体保持立正姿势，身体重心大部分落于右脚；携枪（筒）时，携带的方法不变，其余动作同徒手；稍息过久，可以自行换脚，动作应当迅速。

四、停止间转法

（一）向右（左）转

口令：向右（左）——转；半面向右（左）——转。

要领：以右（左）脚跟为轴，右（左）脚跟和左（右）脚掌前部同时用力，使身体协调一致向右（左）转90度，身体重心落在右（左）脚，左（右）脚取捷径迅速靠拢右（左）脚，成立正姿势。转动和靠脚时，两腿挺直，上体保持立正姿势。

半面向右（左）转，按照向右（左）转的要领转45度。

（二）向后转

口令：向后——转。

要领：按照向右转的要领向后转180度。

五、行进

行进的基本步法分为齐步、正步和跑步，辅助步法分为便步、踏步、移步和礼步。

（一）齐步

齐步是军人行进的常用步法。

口令：齐步——走。

要领：左脚向正前方迈出约75厘米，按照先脚跟后脚掌的顺序着地，同时身体重心前移，右脚照此法动作；上体正直，微向前倾；手指轻轻握拢，拇指贴于食指第二节；两臂前后自然摆动，向前摆臂时，肘部弯曲，小臂自然向里合，手心向内稍向下，拇指根部对正衣扣线（着海军藏青色春秋常服、冬常服时，拇指根部对正双排扣中间位置），并高于春秋常服或者冬常服最下方衣扣约5厘米（着夏常服、水兵服时，高于内腰带扣中央约5厘米；着作训服时，与外腰带扣中央同高），离身体约30厘米；向后摆臂时，手臂自然伸直，手腕前侧距裤缝线约30厘米。行进速度每分钟116～122步。

（二）正步

正步主要用于分列式和其他礼节性场合。

口令：正步——走。

要领：左脚向正前方踢出约75厘米，腿要绷直，脚尖下压，脚掌与地面平行，离地面约25厘米，适当用力使全脚掌着地，同时身体重心前移，右脚照此法动作；上体正直，微向前倾；手指轻轻握拢，拇指伸直贴于食指第二节；向前摆臂时，肘部弯曲，小臂略成水平，手心向内稍向下，手腕下沿摆到高于春秋常服或者冬常服最下方衣扣约15厘米处（着夏常服、水兵服时，高于内腰带扣中央约15厘米处；着作训服时，高于外腰带扣中央约10厘米处），离身体约10厘米；向后摆臂时左手心向右、右手心向左，手腕前侧距裤缝线约30厘米。行进速度每分钟110～116步。

（三）跑步

跑步主要用于快速行进。

口令：跑步——走。

要领：听到预令，两手迅速握拳（四指蜷握，拇指贴于食指第一关节和中指第二节），提到腰际，约与腰带同高，拳心向内，肘部稍向里合。听到动令，上体微向前倾，两腿微弯，同时左脚利用右脚掌的蹬力跃出约85厘米，前脚掌先着地，身体重心前移，右脚照此法动作；两臂前后自然摆动，向前摆臂时，大臂略垂直，肘部贴于腰际，小臂略平，稍向里合，两拳内侧各距衣扣线约 5 厘米（着海军藏青色春秋常服、冬常服时，两拳内侧各距双排扣中间位置约 5 厘米）；向后摆臂时，拳贴于腰际。行进速度每分钟 170～180 步。

（四）便步

便步用于行军、操练后恢复体力及其他场合。

口令：便步——走。

要领：用适当的步速、步幅行进，两臂自然摆动，上体保持良好姿态。

（五）踏步

踏步用于调整步伐和整齐。

停止间口令：踏步——走。行进间口令：踏步。

要领：两脚在原地上下起落（抬起时，脚尖自然下垂，离地面约 15 厘米；落下时，前脚掌先着地），上体保持正直，两臂按照齐步或者跑步摆臂的要领摆动。

（六）移步（5 步以内）

移步用于调整队列位置。

1. 右（左）跨步

口令：右（左）跨×步——走。

要领：上体保持正直，每跨 1 步并脚一次，其步幅约与肩同宽，跨到指定步数停止。

2. 向前或者后退

口令：向前×步——走；后退×步——走。

要领：向前移步时，应当按照单数步要领进行（双数步变为单数步）。向前 1 步时，用正步，不摆臂；向前 3 步、5 步时，按照齐步走的要领进行。向后退步时，从左脚开始，每退 1 步靠脚一次，不摆臂，退到指定步数停止。

（七）礼步

礼步主要用于纪念仪式中礼兵的行进。

口令：礼步——走。

要领：左脚向正前方缓慢抬起，腿要绷直，脚尖上翘，与腿约成90度，脚后跟离地面约30厘米，按照脚跟、脚掌顺序缓慢着地，步幅约55厘米，右脚照此法动作；上体正直，两臂下垂自然伸直、轻贴身体（抬祭奠物除外）；手指并拢自然微曲，拇指尖贴于食指第二节，中指贴于裤缝。行进速度每分钟24～30步。

（八）携便携式折叠写字椅行进

携折叠写字椅行进时，左手提握支脚上横杠中间部位，左臂下垂自然伸直，写字板面朝外。

六、立定

口令：立——定。

要领：齐步、正步和礼步时，听到口令，左脚再向前大半步着地，脚尖向外约30度，两腿挺直，右脚取捷径迅速靠拢左脚，成立正姿势。跑步时，听到口令，继续跑2步，然后左脚向前大半步（两拳收于腰际，停止摆动）着地，右脚取捷径靠拢左脚，同时将手放下，成立正姿势。踏步时，听到口令，左脚踏1步，右脚靠拢左脚，原地成立正姿势；跑步的踏步，听到口令，继续踏2步，再按照上述要领进行。

七、步法变换

步法变换，均从左脚开始。

齐步、正步互换，听到口令，右脚继续走1步，即换正步或者齐步行进。

齐步换跑步，听到预令，两手迅速握拳提到腰际，两臂前后自然摆动；听到动令，即换跑步行进。

齐步换踏步，听到口令，即换踏步。

跑步换齐步，听到口令，继续跑2步，然后换齐步行进。

跑步换踏步，听到口令，继续跑2步，然后换踏步。

踏步换齐步或者跑步，听到"前进"的口令，继续踏2步，再换齐步或者跑步行进。

八、行进间转法

（一）齐步、跑步向右（左）转

口令：向右（左）转——走。

要领：左（右）脚向前半步（跑步时，继续跑2步，再向前半步），脚尖向右（左）约45度，身体向右（左）转90度时，左（右）脚不转动，同时出右（左）脚按照原步法向新方向行进。

半面向右（左）转走，按照向右（左）转走的要领转45度。

（二）齐步、跑步向后转

口令：向后转——走。

要领：左脚向右脚前迈出约半步（跑步时，继续跑2步，再向前半步），脚尖向右约45度，以两脚的前脚掌为轴，向后转180度，出左脚按照原步法向新方向行进。

转动时，保持行进时的节奏，两臂自然摆动，不得外张；两腿自然挺直，上体保持正直。

九、敬礼、礼毕和单个军人敬礼

敬礼分为举手礼、注目礼和举枪礼。

（一）敬礼

1. 举手礼

口令：敬礼。

要领：上体正直，右手取捷径迅速抬起，五指并拢自然伸直，中指微接帽檐右角前约2厘米处（戴卷檐帽、无檐帽或者不戴军帽时微接太阳穴，约与眉同高），手心向下，微向外张（约20度），手腕不得弯曲，右大臂略平，与两肩略成一线，同时注视受礼者。

2. 注目礼

要领：面向受礼者成立正姿势，同时注视受礼者，并目迎目送，右、左转头角度不超过45度。

3. 举枪礼

举枪礼用于阅兵式或者执行仪仗任务。

口令：向右看——敬礼。

要领：右手将枪提到胸前，枪身垂直并对正衣扣线，枪面向后，离身体约10厘米，枪口与眼同高，大臂轻贴右胁；同时左手接握表尺上方，小臂略平，大臂轻贴左胁；同时转头向右注视受礼者，并目迎目送，右、左转头角度不超过45度。

（二）礼毕

口令：礼毕。

要领：行举手礼者，将手放下；行注目礼者，将头转正；行举枪礼者，将头转正，右手将枪放下，使托前踵轻轻着地，同时左手放下，成持枪立正姿势。

（三）单个军人敬礼

要领：单个军人在距受礼者5~7步处，行举手礼或者注目礼。

徒手或者背枪时，停止间，应当面向受礼者立正，行举手礼，待受礼者还礼后礼毕；行进间（跑步时换齐步），转头向受礼者行举手礼，并继续行进，左臂仍自然摆动，待受礼者还礼后礼毕。

携带武器（除背枪）等不便行举手礼时，不论停止间或者行进间，均行注目礼，待受礼者还礼后礼毕。

十、坐下、蹲下、起立

（一）坐下

1. 徒手坐下

口令：坐下。

要领：左小腿在右小腿后交叉，迅速坐下（坐凳子时，听到口令，左脚向左分开约一脚之长；女军人着裙服坐凳子时，两腿自然并拢），手指自然并拢放在两膝上，上体保持正直。

2. 携便携式折叠写字椅坐下

要领：当听到"放凳子"的口令，左手将折叠写字椅提至身前交于右手，右手反握支脚上横杠，左手移握写字板和座板上沿，两手协力将支脚拉开；尔后上体右转，两手将折叠写字椅轻轻置于脚后，写字板扣手朝前，恢复立正姿势；当听到"坐下"的口令，迅速坐在折叠写字椅上。

使用折叠写字椅的靠背或者写字板时，应当按照"打开靠背"或者"打开写字板"的口令，调整折叠写字椅和坐姿；组合使用写字板时，根据需要确定组合方式和动作要领。

3. 背背囊（背包）坐下

要领：听到"放背囊（背包）"的口令，两手协力解开上、下扣环，握背带；取下背囊（背包），上体右转，右手将背囊（背包）横放在脚后，背囊（背包）正面向下，背囊口向右（背包口向左）；按照口令坐在背囊（背包）上。携枪（筒）放背囊（背包）时，先置枪（架枪、筒），后放背囊（背包）。

（二）蹲下

口令：蹲下。

要领：右脚后退半步，前脚掌着地，臀部坐在右脚跟上（膝盖不着地），两腿分开约60度（女军人两腿自然并拢），手指自然并拢放在两膝上，上体保持正直。蹲下过久，可以自行换脚。

（三）起立

口令：起立。

要领：全身协力迅速起立，左脚取捷径靠拢右脚（蹲下时，右脚取捷径靠拢左脚），成立正姿势或者成持枪、肩枪（筒）立正姿势。

班用机枪架枪和40火箭筒架筒时，起立后取枪、筒。

携背囊（背包）起立时，当听到"取背囊（背包）——起立"的口令后，按照放背囊（背包）的相反顺序进行。

携便携式折叠写字椅起立时，当听到"取凳子——起立"的口令后，按照放折叠写字椅的相反顺序进行。

十一、脱帽、戴帽

（一）脱帽

口令：脱帽。

要领：立姿脱帽时，双手捏帽檐或者帽前端两侧，将帽取下，取捷径置于左小臂，帽徽朝前，掌心向上，四指扶帽檐或者帽墙前端中央处，小臂略成水平，右手放下。

坐姿脱帽时，双手捏帽檐或者帽前端两侧，将帽取下，置于桌（台）面前沿左侧或者膝上，使帽顶向上、帽徽朝前，也可以置于桌斗内。

（二）戴帽

口令：戴帽。

要领：双手捏帽檐或者帽前端两侧，取捷径将帽迅速戴正。

携枪（筒）时，用左手脱帽、戴帽。需夹帽时（作训帽除外），双手捏帽檐或者帽前端两侧，取捷径将帽取下，左手握帽墙（女军人戴卷檐帽时，将四指并拢，置于下方帽檐与帽墙之间），小臂夹帽自然伸直，帽顶向左，帽徽朝前。

十二、宣誓

口令：宣誓；宣誓完毕。

要领：听到"宣誓"的口令，身体保持立正姿势，右手握拳取捷径迅速抬起，拳心向前，稍向内合；拳眼约与右太阳穴同高，距离约10厘米；右大臂略平，与两肩略成一线；高声诵读誓词。听到"宣誓完毕"的口令，将手放下。

十三、整理着装

整理着装，通常在立正的基础上进行。

口令：整理着装。

要领：两手（持自动步枪时，将枪夹于两腿间）从帽子开始，自上而下，将着装整理好（必要时，也可以相互整理）；整理完毕，自行稍息；听到"停"的口令，恢复立正姿势。

单个军人的队列动作还包括：冲锋枪手、81式自动步枪手、95式自动步枪手、03式自动步枪手的操枪，班用机枪手、狙击步枪手的操枪等内容。

实训项目

单个军人队列动作训练。

第五节　分队、部队的队列动作

分队、部队的队列动作主要有集合、离散，整齐、报数，出列、入列，行进、停止，队形变换和方向变换等。

一、集合、离散

（一）集合

集合，是使单个军人、分队、部队按照规范队形聚集起来的一种队列动作。

集合时，指挥员应当先发出预告或者信号，如"全连注意"或者"×排注意"，然后，站在预定队形的中央前，面向预定队形成立正姿势，下达"成××队——集合"的口令。所属人员听到预告或者信号，原地面向指挥员成立正姿势；听到口令，跑步到指定位置面向指挥员集合（在指挥员后侧的人员，应当从指挥员右侧绕过），自行对正、看齐，成立正姿势。

1. 班集合

口令：成班横队（二列横队）——集合。

要领：基准兵迅速到班长左前方适当位置，成立正姿势；其他士兵以基准兵为准，依次向左排列，自行看齐。

成班二列横队时，单数士兵在前，双数士兵在后。

口令：成班纵队（二路纵队）——集合。

要领：基准兵迅速到班长前方适当位置，成立正姿势；其他士兵以基准兵为准，依次向后排列，自行对正。

成班二路纵队时，单数士兵在左，双数士兵在右。

2. 排集合

口令：成排横队——集合。

要领：基准班在指挥员前方适当位置，成班横队迅速站好；其他班成班横队，以基准班为准，依次向后排列，自行对正、看齐。

口令：成排纵队——集合。

要领：基准班在指挥员右前方适当位置，成班纵队迅速站好；其他班成班纵队，以基准班为准，依次向右排列，自行对正、看齐。

3. 连集合

口令：成连横队——集合。

要领：队列内的连指挥员或者基准排，在指挥员左前方适当位置，成横队迅速站好；各排和连部成横队，以连指挥员或者基准排为准，依次向左排列，自行对正、看齐。

口令：成连纵队——集合。

要领：队列内的连指挥员或者基准排，在指挥员前方适当位置，成纵队迅速站好；各排和连部成纵队，以连指挥员或者基准排为准，依次向后排列，自行对正、看齐。

口令：成连并列纵队——集合。

要领：队列内的连指挥员或者基准排，在指挥员左前方适当位置，成纵队迅速站好；各排和连部成纵队，以连指挥员或者基准排为准，依次向左排列，自行对正、看齐。

4. 营集合

营集合，通常规定集合的时间、地点、方向、队形、基准分队以及应当携带的武器、器材和装具等事项。

各连按照规定，由连队值班员整队带往营的集合地点，随即向基准分队取齐，然后，跑步到距主持集合的营值班员5~7步处报告人数，营值班员整队后，向营首长报告人数；也可以由连首长整队带往集合地点，直接向营首长报告。例如："营长同志，×连应到××名，实到××名，请指示"。

5. 旅集合

旅集合，参照营集合的规定实施。

（二）离散

离散，是使列队的单个军人、分队、部队各自离开原队列位置的一种队列动作。

1. 离开

口令：各营（连、排、班）带开（带回）。

要领：队列中的各营（连、排、班）指挥员带领本队迅速离开原列队位置。

2. 解散

口令：解散。

要领：队列人员迅速离开原列队位置。

二、整齐、报数

（一）整齐

整齐，是使列队人员按照规定的间隔、距离，保持行、列平齐的一种队列动作。整齐分为向右（左）看齐和向中看齐。

口令：向右（左）看——齐；向前——看。

要领：基准兵不动，其他士兵向右（左）转头（持枪时，听到预令，迅速将枪稍提起，看齐后自行放下；持120反坦克火箭筒时，听到预令，左手握提把，右手握握把，提起发射筒，看齐后自行放下），眼睛看右（左）邻士兵腮部，前四名能通视基准兵，自第五名起，以能通视到本人以右（左）第三人为度；后列人员，先向前对正，后向右（左）看齐；听到"向前——看"的口令，迅速将头转正，恢复立正姿势。

口令：以×××为准，向中看——齐；向前——看。

要领：当指挥员指定"以×××为准（或者以第×名为准）"时，基准兵答"到"，同时左手握拳高举，大臂前伸与肩略平，小臂垂直举起，拳心向右；听到"向中看——齐"的口令后，其他士兵按照向左（右）看齐的要领实施；听到"向前——看"的口令后，基准兵迅速将手放下，其他士兵迅速将头转正，恢复立正姿势。

一路纵队看齐时，可以下达"向前——对正"的口令。

（二）报数

口令：报数。

要领：横队从右至左（纵队由前向后）依次以短促洪亮的声音转头（纵队向左转头）报数，最后一名不转头；数列横队时，后列最后一名报"满伍"或者"缺×名"；连集合时，由指挥员下达"各排报数"的口令，各排长在队列内向指挥员报告人数，如"第×排到齐"或者"第×排实到××名"。

必要时，连也可以统一报数。

要领：连实施统一报数时，各排不留间隔，要补齐，成临时编组的横队队形。报数前，连指挥员先发出"看齐时，以一排长为准，全连补齐"的预告，尔后下达"向右看——齐"口令，待全连看齐后，再下达"向前——看"和"报数"的口令，报数从一排长开始，后列最后一名报"满伍"或者"缺×名"。

三、出列、入列

单个军人和分队出列、入列，通常用跑步，5步以内用齐步，1步用正步，或者按照指挥员指定的步法执行；然后，进到指挥员右前侧适当位置或者指定位置，面向指挥员成立正姿势。

（一）单个军人出列、入列

1. 出列

口令：×××（或者第×名），出列。

要领：出列军人听到呼点自己姓名或者序号后应当答"到"，听到"出列"的口令后，应当答"是"。

（1）位于第一列（左路）的军人，按照上述规定，取捷径出列。

（2）位于中列（路）的军人，向后（左）转，待后列（左路）同序号的军人向右后退1步（左后退1步）让出缺口后，按照上述规定从队尾（纵队时从左侧）出列；位于"缺口"位置的军人，待出列军人出列后，即复原位。

（3）位于最后一列（右路）的军人出列，先退1步（右跨1步），然后，按照有关规定从队尾出列。

2. 入列

口令：入列。

要领：听到"入列"口令后，应当答"是"，然后，按照出列的相反程序入列。

（二）班（排）出列、入列

1. 出列

口令：第×班（排），出列。

要领：听到"第×班（排）"的口令后，由出列班（排）的指挥员答"到"，听到"出列"的口令后，由出列班（排）的指挥员答"是"，并用口令指挥本班（排），按照有关规定，以纵队形式从队尾（位于第一列的班取捷径）出列。

2. 入列

口令：入列。

要领：听到"入列"的口令后，由入列班（排）指挥员答"是"，并用口令指挥本班（排），以纵队形式从队尾（位于第一列的班取捷径）入列。

四、行进、停止

横队和并列纵队行进以右翼为基准，纵队行进以左翼为基准（一路纵队行进以先头为基准）。

行进，指挥员应当下达"×步——走"的口令。听到口令，基准兵向正前方前进，其他士兵向基准翼标齐，保持规定的间隔、距离行进。纵队行进时，排、连通常成三路纵队，也可以成一、二路纵队。行进中，需要时，用"一二一"（调整步伐的口令）、"一二三四"（呼号）或者唱队列歌曲，以保持步伐的整齐和振奋士气。

停止，指挥员应当下达"立——定"的口令。听到口令，按照立定的要领实施，分队的动作要整齐一致；停止后，听到"稍息"的口令，先自行对正、看齐，再稍息。

五、队形变换

队形变换，是由一种队形变为另一种队形的队列动作。

（一）横队和纵队的互换

1. 横队变纵队

停止间口令：向右——转。行进间口令：向右转——走。

2. 纵队变横队

停止间口令：向左——转。行进间口令：向左转——走。

要领：停止间，按照单个军人向右（左）转的要领实施；行进间，按照单个军人向右（左）转走的要领实施。分队动作要整齐一致；队形变换后，排以上指挥员应当进到规定的列队位置。

（二）停止间班横队和班二列横队，班纵队和班二路纵队互换

1. 班横队变班二列横队

口令：成班二列横队——走。

要领：变换前，先报数。听到口令，双数士兵左脚后退1步，右脚（不靠拢左脚）向右跨1步，左脚向右脚靠拢，站到单数士兵之后，自行对正、看齐。

2. 班二列横队变班横队

口令：间隔1步，向左离开；成班横队——走。

要领：听到"间隔 1 步，向左离开"的口令，取好间隔；听到"成班横队——走"的口令，双数士兵左脚左跨 1 步，右脚（不靠拢左脚）向前 1 步，左脚向右脚靠拢，站到单数士兵左侧，自行看齐。

3. 班纵队变班二路纵队

口令：成班二路纵队——走。

要领：变换前，先报数。听到口令，双数士兵右脚右跨 1 步，左脚（不靠拢右脚）向前 1 步，右脚向左脚靠拢，站到单数士兵右侧，自行对正、看齐。

4. 班二路纵队变班纵队

口令：距离 2 步，向后离开；成班纵队——走。

要领：听到"距离 2 步，向后离开"的口令，取好距离；听到"成班纵队——走"的口令，双数士兵右脚后退 1 步，左脚（不靠拢右脚）站到单数士兵之后，自行对正。

（三）连纵队和连并列纵队的互换

1. 连纵队变连并列纵队

停止间口令：成连并列纵队，齐步——走。行进间口令：成连并列纵队——走。

要领：连指挥员或者基准排踏步，其他排和连部逐次进到连指挥员或者基准排左侧踏步并取齐，然后，听口令前进或者停止。

连、排指挥员位置的变换方法：听到口令，连长左脚继续踏 1 步，右脚向右前 1 步，进到政治指导员前方仍踏步，政治指导员继续踏步，副连长向前 2 步（未编有副政治指导员时，副连长向左前 2 步），进到连长左侧，副政治指导员向左前 1 步，进到政治指导员左侧，排长、司务长进到预定列队位置，继续踏步并取齐。

2. 连并列纵队变连纵队

停止间口令：成连纵队，齐步——走。行进间口令：成连纵队——走。

要领：连指挥员或者基准排照直前进，其他排和连部停止间和行进间均踏步,待连指挥员或者基准排离开原位后,各排按照排长、连部和炊事班按照司务长的口令依次跟进。

连、排指挥员位置的变换方法:听到口令,连长向左前1步,进到副连长前方踏步,政治指导员向前2步,进到连长右侧继续踏步,副政治指导员向右前1步,进到副连长右侧继续踏步(未编有副政治指导员时,副连长右跨半步并踏步),排长、司务长进到预定列队位置继续踏步,取齐后照直前进。

(四)营横队(营并列纵队)和营纵队互换

1. 营横队(营并列纵队)变营纵队

停止间口令:成营纵队,齐步——走。行进间口令:成营纵队——走。

要领:营指挥员或者营部照直前进,各连按照连长的口令变为连纵队,依次跟进;营并列纵队变为营纵队,营指挥员或者营部照直前进,各连按照连长的口令依次跟进。

2. 营纵队变营横队(营并列纵队)

停止间口令:成营横队(营并列纵队),齐步——走。行进间口令:成营横队(营并列纵队)——走。

要领:营指挥员或者营部踏步,各连依次进到营部左侧变为连并列纵队踏步,并向基准分队取齐,然后,听口令前进或者停止。营纵队变为营并列纵队,营指挥员或者营部踏步,各连依次进到营部左侧踏步,并向基准分队取齐,然后,听口令前进或者停止。

营指挥员位置的变换方法,按照连纵队和连并列纵队的互换的有关规定实施。

(五)旅的队形变换

旅的队形变换,参照营队形变换的规定实施。

六、方向变换

方向变换,是改变队列面对的方向的一种队列动作。

第一章　中国人民解放军共同条令教育

（一）横队和并列纵队方向变换

停止间，通常是左（右）转弯或者左（右）后转弯，必要时可以向后转。

停止间口令：左（右）转弯，齐（跑）步——走，或者左（右）后转弯，齐（跑）步——走；向后——转，齐（跑）步——走（当需要向后转走时，应当先下"向后——转"的口令，待方向变换后，再下"齐步——走"或者"跑步——走"的口令）。

行进间口令：左（右）转弯——走，或者左（右）后转弯——走。

要领：一列横队方向变换时，轴翼士兵踏步，并逐渐向左（右）转动；外翼第一名士兵用大步行进并同相邻士兵动作协调，逐步变换方向（愈接近轴翼者，其步幅愈小），其他士兵用眼睛的余光向外翼取齐，并保持规定的间隔和排面整齐，转到90度或者180度时踏步并取齐，听口令前进或者停止。

数列横队和并列纵队方向变换时，第一列轴翼士兵停止间用踏步、行进间用小步，外翼士兵用大步行进，保持排面整齐，边行进边变换方向，转到90度或者180度后，听口令前进或者停止；后续各列按照上述要领，保持间隔、距离，取捷径进到前一列转弯处，转向新方向跟进。

（二）纵队方向变换

停止间，通常是左（右）转弯，或者左（右）后转弯，必要时可以向后转。

停止间口令：左（右）转弯，齐（跑）步——走，或者左（右）后转弯，齐（跑）步——走；向后——转，齐（跑）步——走（按照横队和并列纵队向后转走的方法实施）。

行进间口令：左（右）转弯——走，或者左（右）后转弯——走。

要领：一路纵队方向变换，基准兵在左（右）转弯时，按照单个军人行进间转法（停止间，左转弯走时，左脚先向前1步）的要领实施，在左（右）后转弯时，用小步边行进边变换方向，转到90度或者180度后，照直前进；其他士兵逐次进到基准兵的转弯处，转向新方向跟进。

数路纵队方向变换时，按照数列横队和并列纵队方向变换的要领实施。

实训项目

分队的队列动作训练。

第六节　现地教学

现地教学是一种教学类型、一种教学模式。现地教学突出的是"现地"，它离开传统的教学课堂，来到社会实践现场或者历史事件的发生地，通过讲授、观察、思考和互动等一系列教学活动和环节，使受教育者亲临现实之境或亲身体验过程，置身于真实的社会生活，使学生在理论教学中获得的认识与客观实际直接挂钩，使其在直接感知的基础上，巩固所学理论知识，自主获取应用性知识，培养和锻炼综合运用各种知识、技能的能力。

现地教学是一种集体验性、互动性、多元化、个性化于一体的教育方法，它把学生置身现场，把学生关注的问题带到现实情境中，使教师、学生与现地教学所在地领导（讲解员）之间无形中形成互动，给教师和学生提供充分的想象和思考空间，有利于发挥学生的主观能动性，更有利于提高学生运用理论知识、分析解决实际问题的能力。

一、现地教学实施

现地教学在军事课教学中的优势十分明显，但要做好现地教学，还需要教学组织者在深入研究教学内容的基础上，根据学生的层次、特点来设计相应的教学方案。可以说，看似轻松的现地教学，每一个环节，甚至是每一句话，都是精心设计的结果。因此，要发挥现地教学的作用，推动现地教学改革，必须重点做好以下四个方面的工作。

（一）选好现地教学点

这是做好现地教学的前提。现地教学是以现地教学点为载体的一种教学方法，教学点的选择至关重要。在开展现地教学中，所选择的现地教学点一般可分为会议类、人物类、事件类、情景类和法规类等。为了使现地教学能取得预期成效，在选择教学点时，必须努力把握军事课教学面临的重点、难点与疑点问题，同时综合考虑课程的时间安排、学习目的、学生自身条件等因素，努力选取与教育主题结合程度高的教学点。

（二）制订科学合理的教学方案

科学、合理的教学方案是现地教学取得成功的关键。要设计出一个科学、合理的教学方案，首先要求教学组织者围绕课程教学需求和总体教学计划来设计教学方案。现地教学要根据不同班次、不同教学内容的特点和要求，在教学方案设计中有所侧重。特别是对一些理论性较强的现地教学点，在教学方案设计中，应首先安排教师进行专题讲解，让学生对所参观的地点有一个初步的认识，避免出现走马观花、外行看热闹等现象。另外，现地教学是一种开放式的教学方式，讲授与互动都是自然进行的，其中必然会有某些因素是教师无法预料和掌控的，因此，在教学方案的设计中，要设计好每一句话和每一个形体语言，并预先设计尽可能多的可能出现的状况和最佳解决方案。只有这样，教师才能顺利引导学生完成预定的教学目标，才能对现场所发生的各种状况应对自如。

（三）遵循教学流程规范操作

这是做好现地教学的基础。教无定法，教无定式。同样的教学方法，不同的教师可能会采用不同的具体实施方法。但概括而言，现地教学的流程设计大致为"备""看""听""说""评"五个环节。在这五个环节中，每一个环节都彼此关联，"备"是基础，"看""听"是过程，"说"是基于"备""看""听"之上的，而"评"是对现地教学深化和内化的过程。现地教学中的主体是学生和教师，其中，学生是核心主体，教师是主导，教学基地的教师是实现教学内容深化的关键。现地教学效果的关键是引导，而在引导的过程中，重点在于对每一个环节的深度剖析和深度挖掘。现地教学中，教师的主导艺术在于让学生在产生问题、解决问题、产生新问题的循环过程中迸发出精神的火花、思想的共鸣。作为现地教学的教师，首先要有一定的理论功底，并能结合教学基地的实践，达到理论与实践的融合；其次，要具备主持技能，在教学与讨论过程中思维清晰、表达流畅；最后，要有应变能力，在与学生的研讨过程中能够引导学生，始终紧扣主题，掌控流程，及时调整教学中出现的偏离情况。在具体的现场中，要求教师与学生交流既要突出重点，讲清难点，又要精心"设疑"，鼓励学生大胆质疑，让学生在思考、互动、探索的过程中，掌握基础，增强理论思维能力。交流与讨论是现地教学的中心环节，教师在组织研讨的过程中，不仅要对现场有深入的了解，还要了解学生的当前思想状况，有的放矢地激发学生参与讨论的热情。而在具体的研讨过程中，教师要注意帮助学生实现澄清认识、总结提升、启发思维的目标。"备"要深入，"看"要深挖，"听"要深融，"说"要深度，"评"要深刻，每个环节层层递进，不断深化教学内容。在现地教学中严格按照流程规范操作，会使学生将现场所见的鲜活实践与理论进行对接，能调动学生热情，激活学生思维，使实践抽象化、理论具体化，更有利于实现理论与实践的深化与内化。

（四）健全各项制度，做好现地教学的保障

实施现地教学涉及的相关组织环节较多，也较为复杂琐碎，需要学校教学主管部门和各职能部门的互相配合和支持。训练部要根据活动的特点，成立由学校分管领导挂帅、相关职能部门及军训领导共同组成的现地教学领导小组，对相关人员进行具体分工，要求各尽其责。教研部应将现地教学纳入课程教学体系，成为学校实验、实践教学的组成部分，并制订切实可行的实施方案，包括现地教学目标与任务确定、课时安排和时间调整、教师配备等；要设立专项资金，加大对现地教学的投入；要建立现地教学考评机制，避免现地教学流于形式。

二、现地教学主题选择

（一）追寻红色足迹，体验红军艰苦生活

按照筑牢军魂、培育战斗精神、强化作风纪律等教育主题对红色资源进行归类，以组织现地追寻红色足迹、体验红军艰苦生活或再现战斗场景等方式丰富教育活动。

（二）激活红色记忆，擦亮爱国底色

定期组织写红色格言、品红色书籍、看红色影视、唱红色歌曲、讲红色故事等活动，结合各省驻地红色旅游热，利用当地举办红色旅游节的时机，联合当地

文化局、教育局等部门以举办红色讲武堂、组织人员演红军话剧等形式,军地联合开展红色主题教育,传播红色文化,进一步拓展红色资源育人职能。利用中共一大会议旧址、井冈山、韶山、西柏坡、延安等爱国主义教育基地,定期组织学生参观瞻仰、现地教学,接受革命精神的启迪熏陶;采取"走出去、请进来"的方法,邀请老红军、老八路讲述革命先辈艰苦奋斗的光辉历程,激发广大党员追随先辈足迹、争做红色传人的热情;积极将红色元素融入政治环境建设,让革命精神进橱窗、进网络、进长廊,教唱红色歌曲、观看红色影片,让学生在学思践悟、内修外化中擦亮忠诚爱国的底色。

(三)弘扬革命精神,强化使命担当

深入进行党史、军史和优良传统教育。中国是红色中国,到处是丰富的红色资源,有延安精神、长征精神、红船精神、"两弹一星"精神等,既要让学生认识革命精神的丰富内涵,又要让学生掌握革命精神的实现路径。

实训项目

1. 红歌比赛。
2. 爱国主义教育基地现地教学。
3. 查阅经典红歌的创作背景。

第二章

射击与战术训练

教学目标

了解轻武器的战斗性能，掌握射击动作要领，进行体会射击；学会单兵战术基础动作，了解战斗班组攻防的基本动作和战术原则，培养学生良好的战斗素养。

第一节 轻武器射击

轻武器，是枪械和可由单兵、班组携行使用的武器的统称，亦称轻兵器。传统意义上的轻武器专指手枪、步枪、冲锋枪、机枪等枪械。现代意义上的轻武器不仅包括枪械，还包括手榴弹、榴弹发射器和火箭筒等。目前，我军装备的步枪主要是81式自动步枪和95式自动步枪，本节主要介绍81式自动步枪和95式自动步枪的基本常识。

一、性能、构造与保养

（一）81 式自动步枪的性能与构造

81 式自动步枪是一种近距离消灭敌人的自动武器，既可对 400 米内的单个人员目标实施有效射击，也可集中火力射击 500 米内的集团目标。弹头在 1 500 米处仍有杀伤力。该枪使用 7.62 毫米的子弹，采用弹匣送弹、气体操纵，既可进行半自动射击（打单发），又可进行自动射击（打连发），还可发射枪榴弹。弹匣可装 30 发子弹，当弹匣的最后一发子弹发射出去时，滑机退回至后面挂机。该武器在 100 米距离上，使用 56 式普通弹，可射穿 6 毫米厚的钢板、15 厘米厚的砖墙、30 厘米厚的土层或 40 厘米厚的木板。

81 式自动步枪由刺刀（匕首）、枪管、瞄准具、活塞及调节塞、机匣、枪机、复进机、击发机、弹匣和枪托十大部件组成（如图 2－1 所示），另有一套附品。

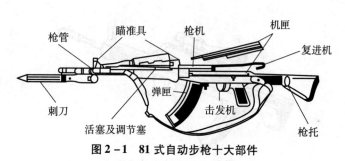

图 2－1　81 式自动步枪十大部件

各部件用途如下。

刺刀（匕首）：用以刺杀敌人。

枪管：发射枪榴弹，赋予枪榴弹的飞行方向。

瞄准具：由表尺和准星组成，用以瞄准。

活塞及调节塞：用以调节和承受火药气体的压力，推压枪机向后。

机匣：用以容纳枪机、复进机，固定击发机和弹匣。

枪机：用以送弹、闭锁、击发和退壳，并能使击锤向后成待发状态。

复进机：由导管、导杆、导管座、复进簧和支撑环组成，用以使枪机回到前方位置。

击发机：用以与枪机相互作用形成待发和击发。

弹匣：用以容纳和托送子弹，可装30发子弹。

枪托：用以操枪、据枪。

附品，包括擦拭杆、鬃刷、附件盒、通条、油壶、背带和弹匣袋，用以分解结合、擦拭上油和排除故障。

（二）95式自动步枪的性能与构造

95式自动步枪（如图2-2所示）是我军比较新式的一种近距离消灭敌人的自动武器，能有效杀伤400米内的单个目标和500米内的集团目标。该枪使用5.8毫米的子弹，弹匣送弹（装30发），既可进行单发射，也可进行短点射（2～5发）和长点射（6～10发），还可发射40毫米系列枪榴弹。该武器使用87式5.8毫米普通弹，在300米距离上，能射穿10毫米厚的A3钢板；在600米距离上，射穿2毫米厚的冷轧钢板后，仍能穿透14厘米厚的松木板。

图2-2 95式自动步枪

枪全长（不带刺刀）：746毫米；刺刀长：302毫米。

枪全重：3.3千克；装满子弹弹匣重：0.54千克。

理论射击：560发/分钟；单发射：40发/分钟。

该枪也由十大部件组成，其各部件的名称和用途同81式自动步枪。

（三）子弹

枪与弹是不可分离的有机整体，二者互为条件发挥作用。子弹由弹头、弹壳、底火和发射药四部分组成。

子弹的种类比较多，常用的有下列几种。

普通弹：用以杀伤敌人的有生力量。

曳光弹：主要用以试射和指示目标以及作信号用，曳光距离可达800米，命中干草能起火，弹头头部为绿色。

燃烧弹：主要用以引燃易燃物体，弹头头部为红色。

穿甲燃烧弹：主要用以射击飞机和轻装甲目标（在200米距离内穿甲厚度为7毫米），并能在穿透装甲后引燃汽油，弹头头部为黑色并有一道红圈。

除此之外，还有空包弹、教练弹、空炸弹等训练用的辅助弹。

（四）保养

要保养好武器装备，必须做到"两勤四不"，即勤检查、勤擦拭、不碰摔、不生锈、不损坏、不丢失。

1. 检查

（1）检查武器外部是否有污垢、锈痕和碰伤，尤其是表尺和准星是否弯曲和松动。

（2）检查枪膛内是否有污垢、生锈和损伤。

（3）检查各机件运行是否灵活，有无锈痕和损坏，要特别检查击针。

（4）检查附品是否齐全完好，子弹有无锈蚀、凹陷、裂缝和松动。

2. 擦拭

正常情况下，每周至少擦拭一次。实弹射击后应用油布将武器认真擦拭干净并上油，在以后的三四天内应每天擦拭一次。训练演习后，应适时地用干布和油布进行擦拭。

擦拭后，应放在通风处晾干，严禁火烤和暴晒。

3. 分解结合

擦拭后，应分解武器。分解前必须验枪，按顺序和要领进行，不要强敲硬卸；分解下来的机件按次序放在干净的物体上，除所有规定的分解内容外，不准分解其他机件。

（1）卸下弹匣。

（2）拔出通条，取出附品盒。

（3）卸下机匣盖。

（4）右手向后抽出复进机。

（5）取出枪机，使机体和机栓分开。

（6）卸下护盖。

（7）分解导气装置，卸下活塞及调节塞。

分解完后，将枪身横放于机件上方，枪口向左，并把机件和附品整理好，摆放整齐。结合时，按分解的相反顺序进行。结合后，应拉送枪机数次，检查机件结合是否正确。

二、简易射击学理

（一）发射

1. 发射的定义

火药气体压力将弹头从膛内推送出去的现象，叫发射。

2. 发射形成的过程

扣动枪的扳机，击针撞击子弹底火，使起爆药发火；火焰通过导火孔引燃发射药，产生大量火药气体，在膛内形成很大的压力，迫使弹头脱离弹壳，沿膛线旋转加速前进，直至被推出枪口。

（二）后坐

1. 后坐的定义

发射时，武器向后运动的现象，叫后坐。

2. 后坐的形成

发射药燃烧时，产生的气体同时作用于各个方向，向前作用于弹头后部的压力推送弹头前进，向后作用于弹壳底部的压力经过枪机传给整个武器，使武器向后运动，形成后坐。武器的后坐和弹头的运动是同时开始的。在弹头脱离枪口的瞬间，大量的火药气体随弹头后部从膛内向外喷出，形成了反作用力，使武器后坐更加明显。

3. 后坐对命中的影响

后坐对单发（连发首发）射击的命中影响极小，对连发射击的命中有一定的影响。连发射击时，第一发子弹发射后，由于枪的明显后坐变动了原来的瞄准线，使第二发以后的射弹产生偏差，所以后坐对第二发以后的射弹命中有一定的影响。但只要射手据枪要领正确，适应连发武器射击时的后坐规律，就能减小后坐对连发射击命中的影响，提高连发射击精度。

（三）弹道

1. 弹道的定义

弹头脱离枪口后，其重心所经过的路线，叫弹道。

2. 弹道的形成

弹头脱离枪口后，在空中飞行时，由于受到地球引力和空气阻力的作用，使弹道不能成为一条直线，而是一条不均等的弧线。升弧较长较直，降弧较短较弯曲。

（四）选定表尺分划和瞄准点

为了命中目标，必须将枪口抬高，使枪身轴线与瞄准线之间形成一定的角度，即瞄准角。瞄准角的大小，是根据射弹在不同距离上的降落量来确定的。距离越远，降落量越大，所需要的瞄准角也就越大；距离越近，降落量越小，所需要的瞄准角也就越小。瞄准具就是根据上述原理设计的。各个距离上枪口抬高多少，在表尺上刻有相应的分划，只要按照目标的距离装（选）定表尺分划瞄准射击，就能命中目标。选定表尺分划和瞄准点要遵循以下原则。

1. 定实距离表尺分划，瞄准目标中央

这是最基本的选定方法。当目标距离为百米整数时，可根据目标的距离装定相应的表尺分划，瞄准点选定目标中央。如自动步枪对100米距离人胸目标射击时，定表尺"1"，瞄准目标中央射击，即可命中目标中央（如图2-3所示）。

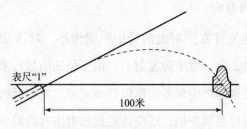

图 2-3　定实距离表尺分划射击景况

2. 定大于或小于实距离表尺分划，适当降低或提高瞄准

在实际射击和训练中，特别是在实战中很难遇到百米整数的目标。当目标距离不是百米整数时，通常选定大于实距离表尺分划，根据武器在该距离上的弹道高，相应降低瞄准点射击。如自动步枪在 250 米距离内对人胸目标射击时，定表尺"3"，在 250 米处的弹道高为 21 厘米时，瞄准目标下沿中央射击，即可命中目标（如图 2-4 所示）。

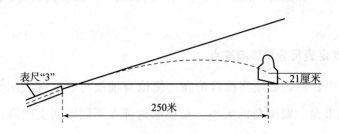

图 2-4　定大于实距离表尺分划射击景况

有时也可选定小于实距离的表尺分划，根据武器在该距离上的负弹道高，相应提高瞄准点射击。如自动步枪对 250 米距离上的人胸目标射击时，定表尺"2"，在 250 米处的弹道高为负 16 厘米时，瞄准目标头顶中央射击，即可命中目标（如图 2-5 所示）。

3. 定常用表尺分划，小目标瞄下沿中央，大目标瞄下部中央

战斗中，由于时间紧迫，并且目标的距离也在不断地变化，有时来不及选定表尺分划。因此，对 300 米以内的目标射击时，通常定常用表尺（表尺"3"）分划，小目标瞄下沿中央，大目标瞄下部中央射击，即可命中目标。如自动步枪定常用表尺分划对 300 米以内人胸目标（高 50 厘米）射击时，瞄目标下沿中央，

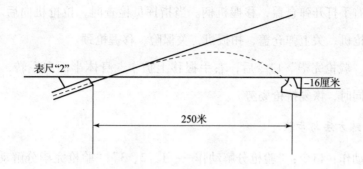

图2-5 定小于实距离表尺分划射击景况

则整个瞄准线上最大弹道高为35厘米,没有超过目标高,目标在300米距离内,都会被杀伤(如图2-6所示)。

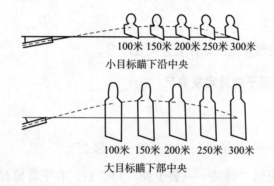

图2-6 定常用表尺分划对300米以内目标射击景况

三、武器操作

(一)验枪

验枪是一项确保安全的重要措施。使用武器前后及必要时,均应验枪,认真检查弹膛、弹匣和教练弹中有无实弹。验枪时,严禁枪口对人。

1. 动作要领

动作要领:听到"验枪"的口令后,右手将枪提起,以右脚掌为轴,身体半面向右转,左脚顺势向前迈出一步(两脚约与肩同宽),同时右手将枪向前送出,左手紧握下护木,左大臂紧靠左胁,枪托贴于右胯,枪刺尖略与眼同高,打开保险，右手打开弹仓盖，移握机柄。当指挥员检查时，拉枪机向后。验过后，自行送回枪机，关上弹仓盖，扣扳机，关保险，移握枪颈。

听到"验枪完毕"口令后，右手握移上护木，身体半面向左转，在右脚靠拢左脚的同时，恢复持枪姿势。

2. 训练方法与步骤

分解动作：口令："验枪分解动作——1、2、3""验枪完毕分解动作——1、2"。

步骤："验枪分解动作——1"，上步出枪；"2"，开保险，打开弹仓盖，握机柄；"3"，拉枪机，关弹仓盖，扣扳机，关保险。

"验枪完毕分解动作——1"，右手移握护木；"2"，身体半面向左转，靠腿成持枪姿势。

连贯动作：按照验枪的动作要领反复练习。

（二）卧姿装退子弹及定复表尺

1. 动作要领

口令："卧姿——装子弹"，"退子弹——起立"。

动作要领：听到"卧姿——装子弹"口令后，右手将枪提起稍向前倾，左脚顺右脚尖前迈出一大步（也可右脚顺脚尖方向迈出一大步），左手在左（右）脚尖前支地顺势卧倒，以身体左侧、左肘支持全身，右手将枪向目标方向送出，左手接握表尺下方，枪托着地，右手拉枪机到定位。解开弹袋扣，取出一夹子弹，插入弹夹槽，以食指或拇指将子弹压入弹仓（单发装填时，不应将第一发子弹压在右侧），取出弹夹，送弹上膛，将弹夹装入弹袋并扣好。右手拇指和食指捏压游标卡笋，移动游标，使游标的前切面对正所需的表尺分划。然后，右手移握枪颈，全身伏地，两脚分开约与肩同宽，身体与射向约成30度角，枪刺离地，目视前方，准备射击（如图2-7所示）。

听到"退子弹——起立"口令后，稍向左侧身，右手解开弹袋扣，打开弹仓盖，接住落下的子弹，装入弹袋，拇指拉机柄向后，食指和中指夹住从内退出的子弹，送回枪机，将子弹装入弹袋并扣好，关上弹仓盖，扣扳机，关保险，复

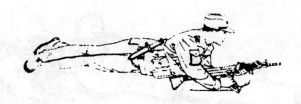

图 2-7 卧姿装子弹

表尺,移握上护木,将枪收回,同时左小臂向里合,屈左腿于右腿下,以左手和两脚撑起身体。右脚向前一大步,左脚再向前一步,在右脚靠拢左脚的同时,恢复持枪姿势。

2. 训练方法与步骤

分解动作:口令:"卧姿装子弹分解动作——1、2、3、4""退子弹起立分解动作——1、2、3、4"。

步骤:"卧姿装子弹分解动作——1",持枪上步;"2",出枪;"3",装子弹,定表尺;"4",全身伏地,准备射击。

"退子弹起立分解动作——1",向左侧身;"2",退子弹,复表尺;"3","三收"(收枪、收手、收左腿于右腿下),起立;"4",靠腿持枪。

连贯动作:按照"卧姿装退子弹及定复表尺"的要领反复练习。

(三)据枪、瞄准、击发

1. 动作要领

射击时射手如果能够利用好依托物,会极大地提高据枪的稳固性,从而提高射击精度,获得更好的射击效果。依托物可预先构筑,也可利用田、土坎、树木、断壁残垣等地形地物。构筑依托物最好用湿土或草皮等。依托物的高度,应根据射手的身材而定,一般高度为 25~30 厘米。依托物过高或过低,都会使射手两肘过分里合或外张,而造成据枪不稳,增大射弹散布。依托物不宜过软或过硬,过软,射击中武器易下陷;过硬,射击时武器产生跳动,这些都会增大射弹散布。当依托物软硬不适宜时,应在依托物上垫上草皮或将手垫在依托物上实施射击(如图 2-8 所示)。

图 2-8 卧姿有依托据枪

1）据枪

良好的据枪姿势和正确的用力，是提高射击精度和连发命中率的基础。

动作要领：下护木前端放在依托物上，身体右侧与枪身略成一线。右手拇指将保险机扳到所需的位置，虎口向前握枪颈，食指第一节靠在扳机上，大臂略成垂直，左手握下护木。胸部挺起，身体稍前跟（右肘不离地），上体自然下塌，两手协力使枪托抵于肩窝。头稍前倾，自然贴腮。

据枪动作要领通常可归纳为十个字，即"正、握、定、抵、塌，不顶又不拉"。

正：据枪时将枪下护木放在依托物上，枪与身体要对正目标，身体右侧与枪身略成一线，两脚打开略宽于肩，两手协同保持枪面平正。

握：右手虎口向前握枪颈，食指第一节靠在扳机上，右手腕内合、下塌、挺住。

定：右大臂内合夹紧，与地面略成垂直，右肘着地外撑，肘皮控制在内前侧；左手虎口向前握下护木，手腕挺直，左手向下稍向后用力，左肘稍向内合着地前撑，将肘皮控制在内后侧。两肘稳固地支撑于地面，保持上体稳固。

抵：两手协同将枪托上三分之二抵于肩窝（右肩锁骨右下侧）。抵肩位置不能过高或过低，肩不可前迎，使枪托与肩窝紧密结合，通过肩部用整个身体承受武器后坐。

塌：胸部稍挺起，身体稍前跟，上体正直自然下塌，下塌后，枪身不得前移，两肘压力相同，枪托抵肩确实，腹部紧贴地面，两脚内侧紧蹬地面，头稍前倾，自然贴腮。

不顶又不拉：按上述要领据好枪后，肩不向前顶，手不向后拉，保持姿势稳固自然。此时应有"两紧三确实"的感觉,即两肘要撑紧,枪颈要握紧;抵肩要确实,上体下塌要确实,腹部着地要确实。

2)瞄准

瞄准是准确射击的前提,一定要认真细致,精益求精。瞄准时应把主要精力集中在准星与缺口的平正关系上。准星与缺口的关系不正确,对射击精度影响极大,如56式半自动步枪瞄准时,准星与缺口的关系偏差1毫米,在100米距离上的平均弹着点偏差量达21厘米。

怎样做才能瞄准?据好枪后,瞄准线应自然指向瞄准点下方,上体下塌确实后,瞄准线应自然指向瞄准点,此时正确的瞄准景况是准星与缺口的平正关系看得清楚,而目标看得较模糊。若瞄准线未指向瞄准点,切忌用手或臂等局部力量调整或强扭枪身改变据枪动作进行修正,也不可迁就或勉强,应调整整个姿势或依托物的高度。

3)击发

击发是准确射击的关键,击发时,右手食指第一节均匀正直地向后扣压扳机,余指握枪颈和右手腕用力保持不变。所谓均匀,是指食指扣扳机的力量增加要均匀,比如扳机引力是2千克,那么射手扣扳机的力量从0开始,按照0.1千克、0.2千克、0.3千克、0.4千克……,均匀地增加到2千克完成击发。所谓正直,是指食指用力的方向要沿着扳机运动的方向,正直向后。击发时,食指的用力与呼吸的控制要配合好。当瞄准线接近瞄准点时,应慢慢地预压扳机,并减缓呼吸;当瞄准线指向预期瞄准点时,应自然地停止呼吸,并继续增加对扳机的压力,直至击发。

2. 练习方法与步骤

1)练习据枪的动作要领

个人体会据枪的动作要领,掌握据枪动作的顺序、基本要领、外形手法,达到动作熟练、正规,姿势定型。重点确定据枪时手、臂、肩等身体各部用力大小、方向是否正确。学员练习时,教练员逐个检查指导,过关升级。

2)练习瞄准的动作要领

固定枪瞄准练习。把枪的重心位置放在依托物上，瞄准后不动枪，由教练员检查或互相检查瞄准的准确程度。

四点瞄准练习。四点瞄准时，将枪放在依托物上，在枪前 15 米处设固定白纸靶，示靶手将检查靶固定在白纸上，由较好的射手瞄准后不动枪，示靶手通过检查靶中央的圆孔，点上标记为基准点；然后，移开检查靶，由射手不动枪瞄准，指挥示靶手移动检查靶，连续瞄三次，每次点上标记，三次的瞄准点与基准点能套在直径为 10 毫米的圆孔内为合格。

据枪瞄准练习，教练员使用检查镜逐个检查，过关升级。

3）据枪、瞄准、击发综合练习

按照据枪、瞄准、击发的动作要领刻苦练习，熟练掌握动作要领，形成稳固持久的据枪、正确一致的瞄准、均匀正直的击发，并实现三者的正确结合。教练员检查时，可按照"看、转、推、拉、抬、问"的方法进行。

四、实弹射击

（一）实弹射击前的准备工作

实弹射击的准备工作主要包括：制订实弹射击方案，确定实弹射击时间、日程，靶场规定、纪律等；检查射击场地设施，射击场必须具备可靠的靶挡和确保安全的靶壕及隐蔽部，并应避开高压线；准备武器、弹药、靶板、靶纸、报靶杆、靶位号牌和射击位置号牌，各种旗帜、通信、信号器材、秒表、成绩登记表等；挑选、培训示靶员；组织召开协调会议，传达射击方案，熟悉有关规定和信（记）号等；根据参加实弹射击人数、靶位数进行编组。实弹射击前的准备工作要做到扎实、细致、周密、安全，措施要具体明确。

（二）实弹射击的组织与实施

1. 组织实弹射击的主要人员

组织实弹射击的主要人员包括射击场指挥员、地段指挥员、靶壕指挥员、警戒员、信号（观察）员、示靶员、发弹员、记录员、修械员、医务员等。

2. 射击场的主要人员职责

（1）射击场指挥员：负责组织设置场地，派遣勤务，监督全体人员遵守射击场的各项规定和安全规则，指挥射击。

（2）地段指挥员：在射击场指挥员的领导下，负责本地段的射击指挥。

（3）靶壕指挥员：负责设置靶、示靶、报靶、补靶及处理相关问题。

（4）警戒员：负责全场的警戒任务，严禁任何人员和牲畜进入警戒区。发现险情，应立即发出信号，并向射击场指挥员报告。

（5）信号（观察）员：根据射击场指挥员的指示发出各种信号，负责警戒区内的观察，发现险情立即报告。

（6）示靶员：负责设靶、示靶和报靶等工作。

（7）发弹员：根据射击场指挥员的指示，按规定弹种、弹数发给射手子弹，射击终止后，负责清查弹药和收回剩余子弹。

（8）记录员：负责记录射手的成绩和统计单位成绩。

（9）修械员：负责枪械的修理。

（10）医务员：负责整个实弹射击过程中的医务保障。

3. 射击开始前的组织工作

组织实弹射击时，射击场指挥员首先应组织勤务人员按射击的需要设置好靶场；检查武器、器材的准备情况；宣布射击条件，明确有关规定、各种信号及注意事项；派出警戒员，严密搜索警戒区；视情况发出准备射击信号，各勤务人员迅速就位，并严格履行职责。

4. 射击实施方法与具体要求

（1）各学生军训连到达靶场后，到指定的集结地域待命。各学生军训连连长核对本连实弹射击编组，按要求带出分组人员参加射击。射击人员到达靶场后，要做到一切行动听指挥，不随意进入射击场地，不围观射手。

（2）示靶组设置和校正靶位，做好射击准备，发出可以射击的信号。地段指挥员发出"准备射击"的信号，第一组进入出发地线，领取子弹，按地段指挥员的命令进入各自的射击位置，做好射击准备，听到"开始射击"口令，射手即可射击。听到"停止射击"口令时,射手应立即停止射击,关上保险,并按地段指挥员的口令退出剩余子弹并起立。

(3)地段指挥员下达"验枪"的口令,射手逐个验枪,地段指挥员应严格检查。验枪后,地段指挥员下达"以第×名射手为准靠拢"的口令,射手跑步靠拢。按规定路线带出射击场外,到指定地点休息。

(4)地段指挥员发信号或用电话通知示靶组报靶(检靶、贴靶)。示靶组组长组织示靶员报靶、检靶、贴靶,并登记射击成绩。其他各射击编组按顺序依次进行射击。

5. 射击完毕后的工作

(1)组织验枪、验弹,收交剩余子弹。

(2)检查武器装具,清理现场,整理器材,清查人员。

(三)实弹射击评定标准

1. 单个人员射击成绩评定标准(如表2-1所示)

表2-1 单个人员实弹射击评定标准

项目	固定目标射击(第一练习)	
枪种	56式半自动步枪	81-1式自动步枪
目的	检验射手射击精度、射击技能	
目标距离	胸环靶100米	
姿势	卧姿有依托	
使用弹数	5发	
评定标准	优秀:命中45环及以上 良好:命中35环及以上 及格:命中30环以上	
实施方法	(1)自下达装子弹的口令起,5分钟内射击完毕 (2)每发射一次后报靶,并指示弹着点	

2. 单位实弹射击成绩评定标准

优秀：90%以上的射手成绩及格，并有40%以上的射手成绩为优秀。

良好：80%以上的射手成绩及格，并有40%以上的射手成绩为良好或优秀。

及格：70%以上的射手成绩及格。

3. 报靶的方法

用报靶杆报靶。报靶杆圆头（直径15～20厘米，一面红，一面白）放在靶板（靶上）的不同位置表示环数。红面表示环数；白面指示弹着点偏差方向和表示脱靶。示环位置：左中间为4环，右中间为5环，左上角为6环，正上方为7环，右上角为8环，在靶板中央上下移动为9环，在靶板中央左右摆动为10环，白面围绕靶板划圆圈为脱靶。为了报出弹着点的偏差，报出环数后，将报靶杆圆头放在靶板中央（白面朝外），再慢慢向偏差方向移出靶板2次。

（四）基本射击场设置

基本射击场应设置好目标，设置出发地线和射击地线，标示出射击场指挥员和勤务人员的位置（如图2-9所示）。

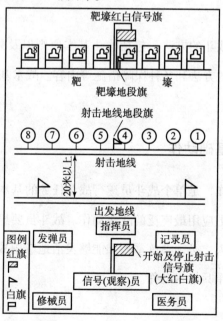

图2-9 基本射击场设置

（五）射击场信号规定

射击场信号规定是射击安全、高效的保障。根据不同的保障条件，射击指挥员可以对信号做出不同规定，但通常规定如下。

准备射击：哨音一长声。

开始射击：哨音连续短声。

暂停射击（检靶）：哨音一长一短。

停止射击：白旗高举不动或对讲机呼叫。

实训项目

1. 卧姿装退子弹训练。
2. 据枪、瞄准、击发训练。
3. 实弹射击训练。

第二节　战术基础

战术，是指进行战斗的方法，包括战斗基本原则以及兵力部署、战斗指挥、协调动作、战斗行动的方法和各种保障措施等内容。战术基础是最基本的战术理论和战斗动作的统称。

一、单兵战术基础动作

单兵战术基础动作，是单个战斗员遂行战斗任务的基本技能，是单兵训练的基础，是单兵在战场上应用最广泛的战斗动作。战斗员要想在战场上有效地躲避敌火力杀伤和消灭敌人，必须熟练掌握和能够灵活地应用战术基础动作。本节主要介绍几种最基本的单兵战术动作。

（一）持枪

持枪，是指士兵在战斗中携带枪支的动作和方法。持枪时要便于运动、便于卧倒、便于观察、便于射击。在不同的地形和距离条件下，士兵根据敌情和任务可灵活采用不同的持枪动作。

1. 单手持枪

右臂微屈，右手虎口正对上护木握枪（背带上挑压于拇指下），用五指的握力将枪身固定，枪身轴线与地面略成 45 度，枪身距身体约 10 厘米，左臂自然下垂，运动时自然摆动。

2. 单手擎枪

右手正握握把，食指微接扳机，将枪置于身体右侧，枪口向上，机匣盖末端贴于肩窝，枪身微向前倾，枪面向后，右大臂里合，枪托于右胁（枪托折叠时除外），背带自然下垂，目视前方，左手自然下垂或攀扶，运动时自然摆动。

3. 双手持枪

左手托握下护木或弹匣弯曲部，右手握握把，食指微接扳机，将枪身置于胸前，枪口向前稍向左，枪身略成水平，背带自然下垂或挂在后颈上。

4. 双手擎枪

在单手擎枪的基础上，左手托握下护木或弹匣弯曲部，枪身略低，枪口对向前上方，背带自然下垂或压于左手下，身体与射向略成 30 度。

（二）卧倒、起立

在战场上，士兵突遭敌火力射击，应迅速卧倒；在转移位置时，通常要先起立。依据持枪方法，卧倒、起立可分为徒手卧倒、起立；单手持枪卧倒、起立；双手持枪卧倒、起立。

1. 卧倒

卧倒是隐蔽身体、减少敌火力杀伤的最低姿势，是单兵在战斗中最常用的动作。

徒手卧倒时，左脚向右脚尖前迈出一大步，左脚弯屈，上体前倾，两眼注视前方，左手顺左脚方向伸出，掌心向下，手指稍向右，以左手、左膝、左肘的顺序迅速卧倒，成侧身，左小臂横贴于地面上，左腿弯曲，右腿伸直。在转体的同时，蹬直左腿，两手掌心向下，放置于头部两侧或两手握拳交叉于胸前。必要时，也可右脚向前一大步，左手撑地迅速卧倒。

单手持枪卧倒时，右手提枪并握背带，按徒手卧倒的要领卧倒侧身；侧身时，右手提枪，枪口稍抬高，枪托轻着地，目视敌方；出枪时，以右手虎口的压力和四指的顶力将枪向目标方向送出，左手接握弹匣弯曲部，同时蹬直左腿，全身伏地，收回右手，拇指打开保险，移握握把，成据枪射击姿势。

双手持枪卧倒时，左脚向前一大步，上体前倾，重心前移，按左膝、左肘、左小臂的顺序着地，然后转体，在全身伏地的同时两手协力将枪向目标方向送出，两腿伸直，成据枪射击姿势。

2. 起立

徒手起立时，转身向右，屈左腿于右腿下，左小臂里合，以左臂和两腿的撑力撑起身体，右脚向前一大步，左腿再向前一步，右脚靠拢左脚的同时，成立正姿势。

单手持枪起立时，右手移握上护木，收枪的同时侧身，按徒手起立的要领起立，在右脚靠拢左脚的同时成单手持枪立正的姿势。

双手持枪起立时，应首先观察前方情况，然后迅速收腹、提臀，用肘、膝支起身体，左脚先上步，右脚顺势跟进，双手持枪继续前进。

（三）前进

1. 直身前进

直身前进是在距敌较远，地形隐蔽，敌观察、射击不到时采用的运动姿势。直身前进时，目视前方，右手持枪，大步或快步前进（如图 2-10 所示）。

2. 屈身前进

屈身前进是战场上接敌最常用的一种运动动作，是在遮蔽物略低于人身高时采用的运动姿势。屈身前进包括屈身慢进和屈身快进（如图 2-11 所示）。

图 2-10　直身前进　　　　　　图 2-11　屈身前进

屈身慢进通常在距敌较远，有超过人身高或超过大部分人身高的遮蔽物，以及敌情不明或敌火威胁不大的情况下采用。运动时，通常是双手持枪（也可单手持枪），上体前倾，两腿弯曲，以降低身体重心，屈身程度视遮蔽物的高度而定，头部一般不高出遮蔽物。

屈身快进也可称为跃进，通常在距敌较近，通过开阔地或敌火力控制区时采用。快进前，应先观察敌情和地形，选择好路线和暂停的位置，尔后起立快速前进。运动中，通常单手持枪（也可双手持枪），枪口朝向前上方。前进距离掌握在15~30米为宜。当进至暂停位置或运动中遇敌火力威胁时，应迅速就地隐蔽或卧倒，做好射击或继续前进的准备。

3. 匍匐前进

匍匐前进是在通过敌步枪、机枪火力封锁较短地段或利用较低的遮蔽物前进时采用的运动方法。匍匐前进可分为低姿匍匐、侧身匍匐和高姿匍匐三种姿势。

1）低姿匍匐

低姿匍匐是身体平趴于地面并降低至最低程度的运动方法，一般在前方遮蔽物高约40厘米时采用。低姿匍匐携自动步枪的方法有两种：一种是右手掌心向上，虎口卡住机柄，五指握枪身和背带，将枪置于右小臂内侧；另一种是右手食指卡握上背带环处，并握枪管，余指抓背带，机柄向上，将枪置于右小臂外侧。行进时，腹部轻贴地面，头稍微抬起，屈回右腿，伸出左手，用右脚的蹬力和左手的扒力使身体前移，在移动的同时，屈回左腿，伸出右手，用左脚的蹬力和右手的扒力使身体持续前移,依次交替前进,前进速度不小于每秒 0.8 米。徒手的低姿匍匐动作与持枪的低姿匍匐动作基本相同(如图 2-12 所示)。

图 2-12 低姿匍匐

2) 侧身匍匐

侧身匍匐是在前方遮蔽物高约 60 厘米时所采用的运动方法,其特点是运动的速度稍快,但姿势偏高。携自动步枪运动时,右手前伸移握护木将枪收回,同时侧身,使身体左大腿外侧着地,左小臂前伸着地,左大臂支撑身体,右脚收回靠近臀部着地,以左小臂的扒力和右脚的蹬力使身体前移,前进速度不小于每秒 1.2 米。徒手的侧身匍匐动作与持枪的侧身匍匐动作大体相同(如图 2-13 所示)。

3) 高姿匍匐

如果前方遮蔽物高为 80~100 厘米,也可采取高姿匍匐的运动方法。其动作是:左手和左小腿外侧着地,以左手的支撑力和右脚的蹬力使身体前移。持枪前进的动作是:左手握护木,右手握枪颈,将枪横托于胸前,枪口离地,用两肘和两膝支撑身体,然后,依次前移左肘和右膝、右肘和左膝,如此交替前移,前进速度不小于每秒 1 米。有时,也可采取低姿匍匐的携枪方法。徒手的高姿匍匐动作与持枪的高姿匍匐动作基本相同(如图 2-14 所示)。

图 2-13 侧身匍匐　　图 2-14 高姿匍匐

无论采取哪种匍匐姿势,运动到预定位置或适当的距离时,都应迅速卧倒隐蔽,视情况出枪射击。

4. 滚进

在卧姿时，为避开敌人观察、射击而左右移动或通过棱线时可采用滚进。首先将枪关上保险，左手握枪表尺上方，右手握枪颈附近，或两手握护木，枪面向右，顺置于胸、腹前抱紧，两臂尽量向里合，两脚腕交叉或紧紧并拢，全身用力向移动方向滚进。运动中，也可在卧倒的同时向移动方向滚进。要领为左（右）脚向前一大步，左手在左（右）脚前着地，身体尽量下塌，右手将枪挽于小臂内，枪面向右，身体向右（左）侧，在右（左）肩、臂着地同时，向右（左）滚进，滚进时，右（左）腿伸直，左（右）腿微屈。滚进距离长时可两腿夹紧（如图 2-15 所示）。

图 2-15 滚进

（四）利用地形

1. 利用地形的目的和要求

利用地形的目的，在于灵活恰当地运动，发挥火力，隐蔽和掩蔽自己。灵活恰当地运动，是战斗员迅速逼近乃至消灭敌人的主要条件；发挥火力，是战斗员消灭敌人的重要手段；隐蔽和掩蔽自己，是战斗员进行防护借以防敌发现和敌火力杀伤的最有效方法。在利用地形时，应首先着眼于消灭敌人，只有消灭敌人，才能有效地保存自己。

利用地形应做到：便于观察、射击和隐藏身体，便于接近和离开，便于防敌地面和空中火力杀伤；不要妨碍班（组）长指挥、邻兵的动作和火器射击，不要几个人拥挤在一起，以免增大伤亡，不要在一地停留过久，视情况灵活地变换位置；尽量避开独立、明显的物体和难以通行的地段。

2. 对各种地形的利用

利用地形时，应根据敌情和遮蔽物的高低、大小取适当姿势，迅速隐蔽地接近,由下而上地占领,认真细致地观察,不失时机地出枪。对不便于射击的位置,应加以改造。其要领可归纳为:接近、占领、改造、转移。

接近:右手持枪并抓住背带,当地物高约60厘米时,在距地物3~5步处卧倒,可采取侧身匍匐或高姿匍匐接近,视情况也可直接占领。

占领:接近后应由下而上地占领,隐蔽地观察和出枪。双手出枪时,左手握护木,左肘前伸,并调整好位置,右手握握把(打开保险),两手协力将枪送出,迅速指向目标实施射击。单手出枪时,右手将枪向目标方向送出,左手接握表尺下方,右手移握握把,打开保险,瞄准射击。

改造:若占领的地形不便于射击,应对其加以改造。改造时,将枪收回(关上保险),置于身体右侧,取下小锹,由后向前进行。应将新土放于地物后侧,不要扬起灰尘,以免暴露目标,并不断观察敌情和指挥,随时准备射击和转移。

转移:根据上级的指挥或视情况需要变换位置时,应迅速收枪(关保险),同时身体下移,采取向左(右)移动或滚动的方法迷惑敌人,突然离开。运动中注意抓好枪背带。

1)对堤坎、田埂的利用

堤坎、田埂有横向、斜向、纵向和高低之分。横向和斜向的,通常利用其背敌斜面的顶端、残缺部、弯曲部和右侧末端;纵向的,利用其弯曲部或顶端。根据坎(埂)的高度,取适当姿势。当坎(埂)高于人体时,应挖踏脚孔或阶梯。如利用坎(埂)对空射击,通常利用其顶端,并根据其高度取不同姿势。

2)对土堆的利用

通常利用独立土堆的右侧,必要时也可利用其左侧或顶端。双土堆通常利用其鞍部。对空射击时,通常利用其后侧或顶端。

3)对土坑、沟渠的利用

通常利用土坑、沟渠的前沿,纵向沟渠利用弯曲部。根据敌情、坑的大小和深度,以跳、滚、匍匐等方法进入,并取适当姿势。对空射击时,以坑沿作依托或背靠坑壁进行射击。

4)对树木的利用

通常利用树木的右侧,根据树的大小取适当姿势。大树(直径50厘米以上)

可采取各种姿势,较小的树通常采取卧姿。如取立姿时,应尽量将身体左侧和左大臂或左小臂和左膝紧靠树木右侧,右脚稍向后蹬,进行射击。跪姿时,应将左脚、左小腿的外侧紧靠树木的后侧,跪下的同时或跪下后出枪。取卧姿时,应将左小臂紧靠树木右侧或者以树的根部作为依托进行射击(如图2-16所示)。

图2-16 利用树木射击

5)对墙壁、墙角、门窗的利用

墙壁、墙角、门窗易被敌炮火击毁和坦克撞塌,造成间接伤亡,因此,利用时在一地不能停留过久。

按墙壁、墙角、门窗的高度取适当姿势。矮墙可利用顶端或残缺部;墙高于人体时,可将脚垫高或挖射击孔。墙角通常利用右侧,取适当姿势;门通常利用左侧;窗可利用左下角或左侧(如图2-17、图2-18所示)。

图2-17 利用墙壁射击

图2-18 利用门窗跪姿射击

二、分队战术

分队是指直接担负作战和保障任务的营级以下建制单位。分队战术训练是指分队为掌握战斗原则和方法而进行的训练,目的是提高分队指挥员的组织指挥能力和分队协同作战的能力。

(一) 分队战斗原则

战斗原则,是组织和实施战斗必须遵循的基本准则。正确的战斗原则,是战斗行动基本规律和指导规律的反映。它旨在告诫人们正确运用战斗规律,在认识和处理具有极大盖然性和不固定性的战斗问题的过程中,始终把握基本方向和主要线索,把主观指导与战斗实际辩证地统一起来,以便在科学的基础上获得规律支配下的相对自由权,能动而有创造性地去夺取战斗的胜利。

1. 知彼知己,正确指挥

"知彼知己,正确指挥"是夺取战斗胜利的前提和基础。其实质是熟识敌我双方及战场环境等各方面的情况,通过周密细致的综合分析和判断,从中找出行动的规律,权衡利弊,指导己方的战斗行动,使主观指导符合客观实际。

为贯彻这一原则,指挥员必须周密组织并亲自进行现地侦察、勘察,切实查明当面敌情和战斗地区地形、气象、水文、社会等情况,判明敌人的战斗能力、特点、行动规律、强点和弱点,分析战场环境对敌我战斗行动的影响;熟识所属分队的战斗能力和特长,了解本分队任务及上级、友邻可能的支援与配合情况。通过对各方面情况进行综合分析判断,比较完成任务的利弊条件,找出克敌制胜的方法,据此定下正确的决策,并组织分队实现目标。战斗中,应当随时掌握敌我情况的发展变化,适时补充、修正决策或者定下新的目标,力求使分队的战斗行动符合不断变化的情况。情况紧迫时,应当边行动边查明情况,果断地指挥分队行动,能动地夺取战斗的胜利。

2. 消灭敌人,保存自己

"消灭敌人,保存自己"是战斗的本质和目的,是确定其他战斗原则的直接依据,也是筹划、组织和实施分队战斗时必须时刻把握的最基本原则。其中,消灭敌人是主要的,保存自己是第二位的。其实质是最大限度地歼灭敌人有生力量,尽可能地减少己方损失,以最小的代价换取最大的胜利。

为贯彻这一原则,必须确立积极坚决歼敌的思想,充分、灵活运用技术、战术，积极主动地打击和消灭敌人；善于利用地形、阵地等条件，采取各种防护措施，尽量减少损失，力求以小的代价换取大的胜利；为了寻求和创造有利的战斗条件，以便在适宜的场合和时机有效地消灭敌人，有时也可以保存自己为主。特殊情况下，应当不惜牺牲局部，以换取全局的胜利。

3. 集中力量，各个击破

"集中力量，各个击敌"是为实现战斗基本目的而概括的核心原则，是被战斗实践充分证明的我军克敌制胜的传统法则，也是我军分队在现代战斗中必须认真贯彻的基本战法。其基本精神在于强调无论实施何种战斗，都须根据分队遂行的任务，合理集中兵力、火力和器材，在同一时间内，重点打击一个主要目标，求得先打击或消灭当面之敌的一部分，牵制其另一部分，然后再转移兵力、火力和器材，各个歼灭敌人。

为贯彻这一原则，必须将战斗力最强的分队、最有效的火力和主要战斗器材，集中使用于主要方向，打击主要目标或者抗击敌人的主要攻击；明确区分主要目标和次要目标、一个目标的主要部分和次要部分，以及对目标打击的先后次序和时间，切忌在同一时间平分兵力和分散火力。

4. 充分准备，快速反应

"充分准备，快速反应"是指分队必须保持高度戒备，时刻做好进入战斗的精神准备、物质准备和组织准备，上级一旦下达战斗号令或出现突发情况，能够一声令下，立即行动，不失时机地对出现的各种情况作出有效反应。

为贯彻这一原则，分队必须在精神、物质和组织上随时保持戒备，及时预见可能发生的情况，预先计划，预做多手准备，特别是在复杂、困难情况下的战斗行动准备；在接到上级号令后，科学计算和分配时间，突出重点，分工负责，迅速完成战斗准备，不失时机地对突发情况作出反应。紧急情况下应当边行动边准备，以弥补战前准备的不足。不得借口准备不足而贻误战机。

5. 隐蔽突然，出敌不意

"隐蔽突然，出敌不意"是克敌制胜的要诀之一，是一条重要的战斗原则。其实质是强调战斗行动的隐蔽性、突然性和灵活性，力求在敌意想不到的时间和空间，运用敌意想不到的力量、手段和战法，出其不意地打击敌人，以达到出奇制胜的目的。

为贯彻这一原则，首先必须最大限度地保持行动的突然性。为此，分队的一切行动必须力求迅速、隐蔽，队形尽量疏散，以降低敌各种侦察手段的发现率和敌各种兵器的杀伤率；在需要的时间和地点，迅速、隐蔽、突然地集中力量，出其不意地给敌以猛烈打击，力求在敌人作出有效反应之前速战速决。其次要努力达成战斗行动的突然性。为此，分队必须熟练技术、战术，善于利用地形和进行伪装；根据任务、敌情、地形和气象的变化，迅速疏开和变换战斗队形；预先制订多种战斗行动方案，采取各种保障措施；临机正确、果断指挥和周密组织协同动作。

6. 灵活机动，力争主动

"灵活机动，力争主动"是夺取主动、摆脱被动的重要方法。其实质是善于根据战场情况，审时度势，随机应变，灵活机动地使用力量和变换战术，能动地去夺取战斗的胜利。

为贯彻这一原则，战斗中，分队必须及时发现和利用敌人的弱点和错误，灵活、积极、大胆地实施穿插、迂回、包围、渗透、转移等兵力机动，适时实施火力机动，不失时机地对敌重要目标实施坚决的兵力突击和火力打击，并使火力、突击与机动紧密结合，以夺取战斗的主动权；需要时，应当根据战场实际情况，主动从敌人的打击下撤出分队，及时转移至有利于完成任务的位置和灵活变换战法，以摆脱被动。组织兵力和火力机动时，必须根据任务、敌情、我情、地形、气象等情况，合理选择兵力、火力机动的时机、目标、方式和方法；灵活把握各种战法的结合和转换；迅速、隐蔽地组织，突然行动，并采取各种保障措施。出现被动局面时，应当根据上级意图和战场实际情况，灵活机动地采取适合当时情况的措施，以夺取主动，摆脱被动。

7. 注重近战，善于夜战

近战、夜战是我军的传统战法。其实质是根据敌我双方武器装备和战斗行动的特点，善于以己之长击敌之短，力求与敌近战，敢于和善于与信息化装备之敌夜战，以充分发挥己方武器装备的威力和战斗特长，最大限度地限制敌人武器装备优势和战斗特长的发挥，夺取战斗的胜利。

为贯彻这一原则，必须有效地限制敌人信息化武器装备的效能，在充分发挥我军远战武器威力的同时，注重发挥我军分队近战特长，充分利用地形、工事、气象、水文条件和有利时机，采取有效的隐蔽、防护、伪装和欺骗、干扰、破坏等措施，尽量接近敌人，或者待敌进入我军有效火力范围，以突然的近战火力和勇猛的近战行动消灭敌人，以最大限度地扬长避短，克敌制胜。现代条件下的夜战，将在敌人夜战手段的严重威胁下进行。我军分队还必须敢于与信息化装备之敌夜战，善于与敌信息化夜战武器装备特别是夜视器材作斗争，有针对性地采取干扰、破坏、欺骗、伪装等技术、战术措施，最大限度地削弱和降低敌信息化夜战武器装备的效能；善于发挥我军夜战武器装备的作用；善于利用地形、变换队形，熟练夜间战斗动作，以夺取夜战的胜利。

8. 密切协同，主动配合

"密切协同，主动配合"是指在统一的战术思想和协同原则指导下，认真执行上级的协同指示和计划，按照目的（目标）、时间、地点准确行动，分队与加强兵种分队之间、执行主要任务的分队与执行次要任务的分队之间、分队内部之间相互支援与配合，并施以适时、准确的协调，以整体威力，协调一致地打击敌人。

为贯彻这一原则，组织协同动作应当遵循协同原则。为密切协同动作，必须根据上级指示（计划）和本级决心，周密组织；树立高度的整体观念，严守协同纪律，保持不间断的通信联络，坚决按照规定的目的（目标）、时间和地点行动，完成战斗任务；主动配合，相互支援，并根据战斗进展不断协调行动；当协同动作遭破坏时，应当及时组织调整和恢复，或者根据新的情况，迅速组织新的协同动作。

9. 勇敢顽强，积极战斗

"勇敢顽强，积极战斗"要求分队充分发扬我军勇猛顽强、不怕牺牲、不怕疲劳、连续战斗、独立战斗的战斗作风，敢于面对强敌和一切艰难困苦，善打硬仗、恶仗，坚决压倒一切敌人而不为敌人所压倒，誓死血战到底；充分发挥主观能动性，积极主动地进行战斗，活用我军传统战法，扬我之长，击敌之短，力求近战歼敌。

为贯彻这一原则，一方面，分队必须充分发挥我军的政治优势，发挥党、团组织和干部、骨干的模范带头作用，加强思想政治工作，培养优良的战斗作风，培养全体官兵勇敢、顽强、积极的战斗精神。另一方面，分队必须树立积极战斗的观念，充分发挥部队和士兵的主观能动作用，做到"枪声就是命令"，在不违背上级意图的情况下，勇于负责，敢于打没有命令的胜仗，在复杂的战斗环境中抓住战机，圆满完成战斗任务。

10. 加强保障，及时补充

"加强保障，及时补充"是随时保持和及时恢复部队战斗力并保证部队具有持续战斗能力的重要条件。其实质是周密、全面、适时而有重点地组织战斗保障、后勤保障和装备保障，保证部队安全、顺利地组织和实施战斗并夺取战斗的胜利。

为贯彻这一原则，分队在攻防战斗、行军、宿营等一切行动中，要高度重视、严密组织自身的各种保障和管理，充分利用上级提供的保障条件，认真落实上级提出的管理要求；随时随地结合自身实际做好侦察、警戒、防护、通信联络、工程作业、伪装和保密等事关分队行动安全与顺畅的战斗保障；做好给养、弹药、油料、武器、器材补充，以及卫勤救护和维护抢修等事关分队战斗力保持与发挥的后勤与装备保障；做好战斗、生活秩序和装备器材等方面的全面管理；善于利用战斗间隙和其他一切可以利用的时机，及时恢复和保持战斗力，增强连续战斗的能力。

（二）班攻防战斗的任务与要求

1. 步兵班进攻战斗的任务与要求

1) 任务

步兵班在进攻战斗中，通常在排的编成内担任突击班，有时担任连（排）预备队，根据情况还可担任侦察战斗队、障碍扫残队，以及渗透袭击和目标指示等任务。

担任突击班时,主要任务是冲击消灭目标之敌,向指定方向发起进攻,或增强突击力量、扩大战果,或应付意外情况。担任预备队时,班随连(排)行动,随时准备投入战斗,以增强突击力量,扩大战果,抗击敌人反冲击或应付意外情况。担任侦察战斗队时,主要负责侦察、搜索,查明敌防御前沿虚实,诱敌暴露,引导攻击。担任障碍扫残队时,主要负责在开辟的通路中扫除残存障碍物,并标示通路位置。担任袭击任务时,主要是对敌纵深目标实施侦察、袭击,控制有利地形,分割、打乱敌人部署,配合主力歼灭敌人。担任目标指示任务时,利用激光末制导、双星定位和通信器材等,对敌纵深内的重要目标,实施引导攻击。

2)基本要求

(1)集中兵力、火力,近战歼敌。

班在进攻战斗中,要善于集中反坦克火器、器材,选敌弱点和要害,在同一时间、同一地点(段)攻击一个主要目标。充分利用地形地物,严密组织火力掩护,采取分组交替跃进等方法,迅速、隐蔽、大胆逼近敌人,以突然、勇猛地冲击,坚决突入敌阵地,胶着近战,各个歼敌。

(2)合理进行战斗编组。

班在进攻战斗中,要以120反坦克火箭筒(40火箭筒)和班用机枪为骨干进行战斗编组,做到各小组既能打坦克,又能打步兵;既便于指挥,又便于独立战斗。120反坦克火箭筒(40火箭筒)和喷火器通常由班长或副班长掌握。

(3)迅速、充分、周密地做好战斗准备。

班受领进攻战斗任务后,必须从最困难、最复杂的情况着眼,分秒必争,抓住重点,迅速完成战斗准备。具体做到任务、编组、打法明确;武器、弹药、器材准备充分;战斗动员简短有力;战斗预案周密细致,多手准备。当情况紧急来不及预先准备时,也可边打边组织,边打边准备。

(4)注重火力与运动紧密结合。

班在进攻战斗中,应善于抓住有利时机接敌,注重火力与运动紧密结合,最大限度地发挥整体战斗威力及小群近战特长,打、炸、迷、扰、骗等手段相结合,坚决击毁敌装甲目标坚固火力点,消灭敌步兵,完成战斗任务。

(5) 及时、果断、灵活地指挥。

战斗中,班长应善于根据敌情、地形和任务,灵活地变换战术,及时、果断地处置各种情况。特别是在与上级失去联系、被敌包围等复杂困难的情况下,更要做到沉着冷静、临危不乱、遇险不惊、勇于负责、果断行事,紧紧围绕上级的意图,客观、全面、准确地判断情况,机智果断地实施不间断的指挥。

2. 步兵班防御战斗的任务与要求

1) 任务

步兵班在防御战斗中,通常在排的编成内,防守支撑点的一段阵地,有时也可单独防守一个阵地。根据情况还可担任连的预备队、警戒、袭扰等任务。担任坚守任务时,主要任务是依托阵地抗击敌步兵、装甲目标的连续冲击,坚守阵地。担任上级的预备队时,其主要任务是支援前沿战斗,实施反冲击,防守指定的纵深支撑点,抗击敌人向纵深发展进攻。担任警戒、袭扰任务时,其主要任务是占领警戒阵地,制止敌侦察、渗透,迟滞敌前进,迫敌过早展开,为主力歼敌创造条件。

2) 基本要求

(1) 依托阵地,顽强坚守,近战歼敌。

步兵班在现代防御战斗中,必须从全局出发,树立在艰苦条件下敢打必胜的信心;发扬英勇顽强的战斗作风,发挥整体抗击力;充分利用有利地形,依托工事,结合障碍,采取打、炸、阻、迷、伏、反等战术手段,抗击敌坦克、步兵的连续冲击;要敢于同敌近战、夜战,善于以我之长击敌之短,与敌反复争夺,粉碎敌进攻,坚决守住阵地。

(2) 周密、合理地配置兵力、兵器。

步兵班在现代防御战斗中,应根据防御地域内的地形特点,所属和配属的兵力、兵器性能,本着集中兵力、实施重点抗击的要求,合理地确定战斗队形。兵器配置上要突出重点,加强火力控制,形成严密配系。在配置兵力、火器时要便于协同指挥,便于机动,既能独立作战、独立坚守,又能最大限度地减少伤亡。

(3) 构筑有重点、便于打击各种目标的防御阵地。

步兵班在主要方向和地段防御时,应根据敌进攻特点,本班任务、地形、物资器材和防御准备的时间,力争构筑以打坦克为主,亦能打击空中目标和其他目标,能阻敌迂回包围的环形防御阵地,做到能打、能藏、能机动、能生活。主要火器应构筑便于向周围射击的基本发射阵地和预备发射阵地;在阵地翼侧或侧后,构筑便于进出的掩蔽部;在便于敌坦克、步战车机动的翼侧,构筑必要的打炸工事;在便于敌机降的地点,构筑对空射击阵地。各种工事应力求坚固、疏散、隐蔽,同时在上级统一组织下,在阵地前和翼侧设置用于迟滞敌坦克、步兵冲击的防坦克、步兵障碍物,障碍设置应做到防坦克与防步兵相结合,防步坦障碍与防机降障碍相结合,爆炸性障碍物与非爆炸性障碍物相结合,人工障碍与天然障碍相结合。

(4) 严密组织防护,形成有重点的抗击。

步兵班在防御战斗中,应充分利用地形和工事,疏散配置,严密防护。在防御准备过程中,以防为主,防打结合,运用各种手段力求尽早发现敌火力袭击的征候,采取各种防护措施,防敌火力杀伤,保存有生力量,待机破敌。并根据敌火力突击的情况,及时分析、判断敌主要攻击方向和地段,迅速调整兵力、兵器,形成有重点的抗击部署,以增强防御的稳定性,抗击敌步兵、坦克的连续冲击。

(5) 密切配合,灵活指挥。

步兵班在防御战斗中,班长应从最困难、最复杂的情况出发,周密地组织各战斗小组之间和主要火器之间的协同动作,并根据地形条件和敌可能的行动预想多种情况下的战斗方案。战斗中,班长应沉着果断,机智灵活地处置情况,合理地使用兵力火力,充分发挥战斗小组的骨干作用,并以自己的模范行动带领全班顽强战斗。全班战士应充分利用工事和有利地形,主动配合,密切协同,坚决完成战斗任务。

实训项目

1. 持枪训练。
2. 卧倒、起立训练。
3. 前进训练。

第三章

防卫技能与战时防护训练

教学目标

了解格斗、防护的基本知识，熟悉救护基本要领，掌握战场自救、互救的技能，增强大学生安全防护意识，提高大学生安全防护能力。

第一节 格斗基础

格斗是双方在击打中相互较量的一种争斗形式，是击打技术应用于实际争斗的一种方法，是制止犯罪、防身抗暴、修身养性的重要手段，也是体育运动竞赛和群众健身休闲的内容之一。

一、格斗基本功

格斗由打、踢、摔、拿等搏击、散打的基本动作组成。练习格斗，能使全身各部位得到比较全面的活动，尤其是能使上下肢肌肉的爆发力、各关节的灵活性和柔韧性,以及全身快速反应能力得到提高。格斗的基本功包括以下几方面。

(一) 手型

1. 拳

四指并拢蜷握,拇指紧扣食指和中指的第二指关节(如图3-1所示)。

要求:拳握紧,拳面平,直腕。

2. 掌

四指并拢伸直,拇指弯曲紧扣于虎口处,分立掌、插掌和八字掌(如图3-2所示)。

要求:掌心开展,竖指。

图3-1 拳

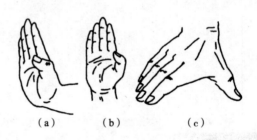

图3-2 掌

3. 勾

五指第一指节捏拢在一起,屈腕(如图3-3所示)。

要求:五指捏拢,屈腕。

(二) 步型

1. 马步

两脚平行开立(约本人脚长三倍),脚尖正对前方,屈膝半蹲,膝部不超过脚尖,大腿接近水平,全脚掌着地,身体重心落于两腿之间,挺胸、塌腰,两拳握于腰间,拳心向上(如图3-4所示)。

要求:挺胸、塌腰,脚跟外蹬。

图 3-3 勾　　　　　　　　图 3-4 马步

2. 弓步

两拳抱于腰间，拳心向上，左（右）脚向前一步，左（右）腿屈膝半蹲，右（左）腿在后挺直，腿尖里扣（如图 3-5 所示）。

要求：前腿弓，后腿绷；挺胸、塌腰、沉髋；前脚同后脚成一直线。

3. 虚步

右腿屈膝半蹲，左脚向前，脚跟离地，脚尖稍内扣，虚点地面，膝微屈，重心落于右腿，两手叉腰，眼向前平视（如图 3-6 所示）。左脚向前为左虚步，右脚向前为右虚步。

要求：挺胸、塌腰，虚实分明。

4. 仆步

两脚左右开立，右腿屈膝全蹲，大腿和小腿靠紧，臀部接近小腿，全脚掌着地，脚和膝外展，左腿挺直仆平，脚尖里扣，全脚掌着地，左掌立于右胸前，右手抱拳于腰间，眼向左方平视（如图 3-7 所示）。仆左脚为左仆步，仆右脚为右仆步。

要求：挺胸、塌腰、沉髋。

5. 歇步

两腿交叉靠拢全蹲，左脚着地，脚尖外展，右脚前掌着地，膝部贴近左腿外侧，臀部坐于右脚接近脚跟处，两手抱拳于腰间，眼向左前方平视（如图 3-8 所示）。左脚在前为左歇步，右脚在前为右歇步。

要求：挺胸、塌腰，两脚靠拢并贴紧。

图3-5 弓步

图3-6 虚步

图3-7 仆步

图3-8 歇步

(三) 臂功和腿功

1. 臂功

臂功练习是增强臂力,锻炼拳击的爆发力,学会拳击敌人的基本打法。

预备姿势,听到"准备——格斗"的口令后,在立正的基础上,身体稍向左转,同时右脚稍向右前撤一步,两脚略成"八"字形,屈膝,体重大部落于右脚,同时两手握拳,前后拉开,屈肘,左拳略高于肩,拳眼向内上,右拳置于腹前约10厘米处,拳眼向上,自然挺胸,目视对方(如图3-9(a)所示)。

1) 弓步冲拳

在预备姿势的基础上,左脚向左前方移动约一脚,右拳以蹬腿、扭腰、送胯之合力从腰间猛力向前内旋冲出,同时,左拳收抱于腰间,屈左膝,右腿挺直(如图3-9(b)所示)。然后,右脚向右前上步,左拳、左腿和右手同冲右拳的要领。

第三章 防卫技能与战时防护训练

图3－9 弓步冲拳

要求：拳要打中，重心要稳。

2）弓步横勾拳

在预备姿势的基础上，左脚向前方移动约一脚，同时左臂上挡外格后摆（如图3－10（a）所示），右拳以蹬腿、扭腰、送胯之合力由后猛力向前横勾（如图3－10（b）所示），右腿挺直。然后，右脚向右前上步，右臂上挡外格后摆，左拳、左腿同右拳横勾时的要领。

要求：勾拳要猛，拳与眼同高，重心要稳。

图3－10 弓步横勾拳

3）弓步下勾拳

在预备姿势的基础上，左脚向左前方移动约一脚，同时，左臂里拨后摆，右拳以蹬腿、扭腰、送胯之合力由后向前上猛击，拳心向里，约与下颌同高，成左弓步（如图3－11所示）。然后，右脚向右前上步，右臂里拨后摆，左拳、左腿同右拳下勾时的要领。

要求：勾拳要猛，重心要稳，拳约与下颌同高。

· 81 ·

4）弓步劈弹

在预备姿势的基础上，右脚向前上步成右弓步的同时，右拳后摆，左拳变八字掌，掌心向前，虎口向右（如图3-12（a）所示）；左转身成马步的同时，右拳由后经右上向前向下猛劈，左手接握右手腕，拳心向上（如图3-12（b）所示）；蹬左脚成右弓步的同时，右拳向右前上猛弹，拳眼向后上，略高于头，左拳后摆，拳心向后（如图3-12（c）所示）。然后，左脚向右前上步，左拳、左腿和右手同右拳劈弹时的要领。

要求：用拳背或小臂弹敌；弹拳时要用蹬腿、扭腰、挥臂的合力。

图3-11 弓步下勾拳

图3-12 弓步劈弹

5）肘法

（1）前顶。

右（左）弓步时，右（左）臂屈肘，左（右）手抓握右（左）拳，两手合力将右（左）肘向前推顶（如图3-13所示）。

（2）后击。

握拳屈肘，猛力后击（如图3-14所示）。

（3）下砸。

握拳屈肘，大臂上举猛力下砸（如图3-15所示）。

2. 腿功

腿功练习是锻炼腿部力量，提高灵活性，增强稳定性，学会以腿制敌的基本动作。

预备姿势，听到"腿功练习——准备"的口令后，两手叉腰，左脚向左跨步，约与肩同宽，挺胸、收腹，目视前方（如图3-16所示）。

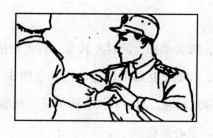

图 3-13 前顶

图 3-14 后击

(a)   (b)

图 3-15 下砸

1) 弹踢

在预备姿势的基础上，左脚向前半步，右大腿抬平屈膝，脚尖向下绷直（如图 3-17 (a) 所示），尔后小腿猛力向前踢又迅速收回（如图 3-17 (b) 所示）。然后，在右脚向前落地的同时，起左脚按右腿弹踢要领向前弹踢。

要求：猛弹快收，着力点于脚背，重心要稳。

(a)   (b)

图 3-16 预备姿势   图 3-17 弹踢

2）侧踹

在预备姿势的基础上，左脚向前半步，脚尖朝外，同时左转身；右大腿抬平屈膝，脚尖里勾（如图3-18（a）所示），向侧下猛踹后迅速收回（如图3-18（b）所示）。然后，右脚尖朝外，在向前落地同时，起左脚按右腿的要领侧踹。

要求：猛踹快收，着力点于脚的外侧，重心要稳。

（a）　　　　（b）

图3-18　侧踹

3）勾踢

在预备姿势的基础上，左脚向前半步，腿微屈，脚尖向外；起右脚，脚尖内勾（如图3-19（a）所示），由后向左前猛力勾踢（如图3-19（b）所示）。然后，在右脚尖朝外向前落地的同时，起左脚按右腿勾踢要领勾踢。

要求：勾踢要猛，着力点于脚的内侧，重心要稳。

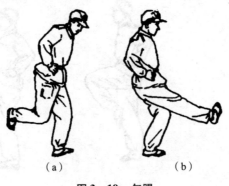

（a）　　　　（b）

图3-19　勾踢

4）蹬腿

在预备姿势的基础上，左腿上前半步，腿微屈，脚尖向外；同时，左转体，重心前移，起右腿，屈膝，大、小腿略平，脚尖勾起，脚底向外（如图 3-20（a）所示），向右侧猛力平蹬（如图 3-20（b）所示），迅速收回。尔后，右脚向前落地，脚尖向外，同时右转体，起左脚按右腿的要领蹬腿。

要求：要猛蹬快收，着力点于脚跟。

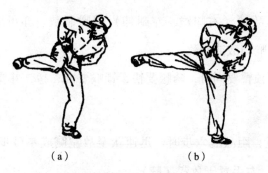

图 3-20 蹬腿

二、擒敌术

徒手擒敌术是徒手与敌人搏斗时，充分利用人体关节和要害部位的弱点，击其要害，迅速制敌的一种有效手段，主要包括袭击、摔打、擒拿等。

（一）袭击

袭击是由后隐蔽接近，捉、打敌人的方法。要根据敌情、地形，灵活正确地应用袭击动作。

预备姿势，听到"袭击——准备"的口令后，右脚后撤一步，左腿蹲，右腿伸（微屈膝），同时，两手撑地，身体下仆，目视敌方。

1. 踹腿锁喉

（1）隐蔽接近，距敌五六步时，猛跃至敌背后，左转身的同时，左脚落地，右大腿抬平、屈膝，脚与敌膝窝同高，两臂弯曲，右手沿敌脖右侧前插，掌心向下。

（2）右脚外侧猛踹敌膊窝并落地，乘敌后仰，右小臂猛锁敌喉，将敌制服或制死。

要求：跃起要快，踹、锁要一致、准确。

2. 抱膝锁喉

（1）隐蔽接近，距敌五六步时，猛跃至敌背后成半弓马步，两手抱敌膝，肩前顶敌臀部。

（2）以两手后拉上提和肩前顶敌臀部之合力将敌摔倒。

（3）迅速骑压敌腰（右腿跪，左腿伸）锁喉制敌。亦可用两手推按敌头，乘敌抬头之际，锁喉制敌或制死。

要求：抱膝、顶臀要同时，骑腰要快，锁喉要准、猛，并要上提后拉。

3. 提裆锁喉

（1）隐蔽接近，距敌五六步时，迅速跃至敌左侧成左弓步（左脚在敌左脚外），右手插敌裆，左手置于敌背（脖）。

（2）以右手后拉上提和左手前推下压之合力将敌摔倒，迅速扑压敌背，锁喉制敌或制死。

要求：扑压要快，锁喉要准、猛，并要上提后拉。

（二）摔打

在徒手格斗中，摔打是十分重要的，因为敌我相互搂抱、纠缠的现象常常发生，而此时可用快摔技术先将敌人摔倒在地，然后将敌制服或制死。

预备姿势，双方成准备格斗姿势。

1. 抱腿

（1）敌右拳向我上身打来时，左小臂迅速上挡，同时上右脚成右弓步，右拳猛击敌面。

（2）乘敌后仰，顺势弯腰下蹲，两手沿敌身下滑抱敌两膝窝，后拉上提，肩顶敌腹，合力将敌摔倒。

（3）迅速骑腹、卡喉、掼耳，将敌制服或制死。

要求：挡开、击准；下蹲、抱腿、骑腹制敌要快。

2. 绊腿

（1）敌右拳向我上身打来时，左脚迅速向左前上步，左手挡抓拧敌腕，右拳击敌面或胸部。

（2）上右脚后绊敌右脚跟，同时右手推按敌胸部，将敌摔倒。

（3）两手上提敌臂，右脚猛踩敌肋将敌制服或制死。

要求：挡抓要准，上步要快，推绊要同时。

3. 夹脖拧摔

（1）敌右拳向我上身打来时，左脚迅速稍向右上步，同时左手挡抓敌臂，右脚猛踢敌裆。

（2）乘敌弯腰，落脚于敌右脚后，同时右手夹拧敌脖。

（3）左手紧抓敌右臂，迅速屈膝下蹲，同时猛向左前下转体，将敌摔倒，左拳击敌头，将敌制服或制死。

要求：进身要快，夹脖要狠，转身扭腰要猛。

4. 扛摔

（1）敌右拳向我上身打来时，左脚稍向右前上步闪身，同时左手挡抓拧敌臂，右脚猛踢敌裆。

（2）乘敌弯腰，落脚于敌两腿之间，右臂插入敌裆下。

（3）左手向左下猛拉，使敌腹紧贴我右肩，同时右手上挑，右肩上扛，左转体，将敌从头上摔过；尔后迅速左转身，抓敌右手上提，右脚猛踢敌头，将敌制服或制死。

要求：进身要快，拉、挑要同时。

（三）擒拿

擒拿是我军指战员在格斗训练中必须掌握的一门过硬的、实用的制敌于伤残或死亡的技法，亦是一种技巧性很强的格斗形式。

在对敌斗争中，采取主动擒拿攻击法可免除被动受击的局面，如攻击的时机和方法得当，则不但可以大大挫伤敌人的锐气，还能从心理上给敌人以创击，使其丧失信心和勇气。擒拿主要利用人体关节的弱点，以缠、卷、拧、压、别、锁等动作制服敌人。

1. 卷腕

(1) 敌右拳向我打来时,迅速向左闪身成左弓步,同时左手抓握敌手腕,右手迅速接握敌拳,两手拇指按压敌拳背。

(2) 左脚上步(或后撤一步),同时两手猛力里卷、外拧、下压、后拉,将敌制服。

2. 缠腕

右拳击敌,被敌右手抓住手腕时,左手迅速抓压敌手背,右小臂上抬,右拳变掌外别敌腕;右手抓敌腕,用力后拉下压,同时左臂肘部迅速压敌右肘关节,将敌制服。

3. 折腕牵羊

(1) 由后接近敌右侧,迅速以左手抓住敌右手背,折腕外拧;随即右手以同样方法击抓敌手,两拇指紧顶敌手背,猛折敌手腕下压外拧,迫敌下蹲。

(2) 右脚后撤一步,同时折腕下压后拉,将敌拉倒。

(3) 将敌右臂从颌下绕过,随即骑压敌腰,右手控制敌右手腕,左手从敌腋下穿过,将其左手拧到背上,进行"8"字捆绑。

要求:抓手要准,折腕要狠,下压后拉要协调一致。

4. 压肘

敌左(右)手抓我衣领时,迅速以左(右)手抓按敌手背,左(右)转身成左(右)弓步的同时,用右(左)小臂砸敌肘部,将敌制服。

5. 拧脖

敌正面抱我腰(敌头偏我右侧)时,迅速用右手掌托推敌下颌,左手按敌后脑;两手交错用力外拧敌脖,将敌摔倒制服。

6. 锁腕

右拳击敌,被敌右手抓住手腕时,左手迅速抓压敌手背,右手虎口向上抓锁敌手腕并上挑,迫敌屈腕,同时前靠,用右肘猛力顶、击敌心窝或肋部,将敌制服。

注意：要速靠敌右侧，防敌膝顶我裆部。

实训项目

1. 拳、掌、勾训练。
2. 腿功基本动作训练。
3. 擒敌术基本动作训练。

第二节　战场医疗救护

战场医疗救护，是指战时条件下对伤员的急救和护理。及时而有效地救治伤员，可减少伤员痛苦，降低致残率、死亡率，为后送抢救打下良好的基础。

一、救护基本知识

战场医疗救护，具有随机性强、时间紧急、环境条件差等特点。实施救护时，必须从这些特点出发，遵循战场医疗救护的原则与要求，采取及时有效的救治动作。

（一）战场医疗救护的基本原则

战场医疗救护必须遵守以下六条原则。

1. 先复苏后固定

遇有心搏、呼吸骤停又有骨折的伤员，应首先用口对口呼吸和胸外按压等技术使心肺复苏，直至心跳、呼吸恢复后，再进行固定骨折。

2. 先止血后包扎

遇有大出血又有创口的伤员，首先立即用指压、止血带或药物等方法止血，再进行创口消毒、包扎。

3. 先重伤后轻伤

遇有生命垂危的和伤势较轻的伤员时，应优先抢救危重伤员，后抢救伤势较轻的伤员。

4. 先救治后运送

遇到各类伤员,要按战场医疗救治原则分类处理,待伤情稳定后才能后送。

5. 急救与呼救并重

在遇有成批伤员又有多人在现场的情况下,要紧张而镇定地分工合作,急救和呼救同时进行,以较快地争取到急救外援。

6. 搬运与医护同步

搬运与医护应协调配合,做到任务要求一致,协调步调一致,完成任务的指标一致;运送途中,减少颠簸,注意保暖,最大限度地减少伤员痛苦,减少死亡率,安全到达目的地。

(二)战场医疗救护的基本要求

救护伤员时,不准用手和脏物触摸伤口,不准用水冲洗伤口(化学伤除外),不准轻易取出伤口内异物,不准送回脱出体腔的内脏,不准用消毒剂或消炎粉敷伤口。

1. 头面部伤

头面部受伤时,应保证呼吸道畅通,清除口内异物,将伤员衣领解开,采取侧卧或俯卧姿势,防止吸入呕吐物,并妥善包扎和止血。

2. 胸(背)部伤

胸(背)部伤往往伴有多根肋骨骨折,除用敷料包扎外,还应用绷带环绕胸(背)部包扎固定。

3. 腹(腰)部伤

腹(腰)部伤要立即用大块敷料和三角巾包扎。伴有内脏伤时,不能喝水、吃东西、吃药,尽快后送。

4. 四肢伤

除了手指或脚趾伤必须包扎外,包扎其他四肢伤时,要把手指或脚趾露出,以便随时观察血液循环情况,采取相应措施。

二、个人卫生

卫生是指个人、群体生活卫生和工作卫生的总称。它是为维护人体健康,预防医疗疾病,改善符合生理需要的工作环境和生活环境而进行的社会活动。个人卫生是集体卫生的基础。讲究个人卫生可以防止疾病传播,提高人们的健康水平。为圆满完成战备训练、施工生产等各项任务,适应未来复杂、艰苦的战争环境,大家必须注重健康,养成良好的卫生习惯。

(一)个人卫生的总要求

个人卫生提出了总的要求,应做到:饭前便后洗手,不吃(喝)不洁净的食物(水),不暴饮暴食;勤洗澡,勤理发,勤剪指甲,勤洗晒衣服被褥;不随地吐痰和便溺,不乱扔果皮、烟头、纸屑等废弃物;保持室内和公共场所的清洁卫生;提倡戒烟。

(二)个人卫生的内容

1. 皮肤的卫生

皮肤是人体的最大器官之一,直接与外界接触,许多物理、化学和生物性的因素都可以给皮肤造成程度不等的损害。

特别是完成各类训练任务时,皮肤会大量出汗。因此要经常洗澡(提倡淋浴和冷水擦浴),保持皮肤清洁,讲究皮肤卫生。

2. 头发的卫生

头发过长,既不卫生,又不利于战场行动,受伤后容易感染。因此要保持头发整洁,定期理发,不蓄胡子。梳子和刮胡刀不与他人共用。头发应经常梳理,梳头能刺激头皮血液循环,也可除去灰尘、头皮屑。

3. 手和脚的卫生

养成饭前便后洗手的习惯,经常修剪指甲和保持干净。不要用牙咬指甲。要穿透气性强的鞋袜,保持脚的清洁和干燥,尽可能每天洗脚换袜子。要穿大小合适的鞋子。

4. 口腔和脸部的卫生

经常刷牙、漱口，保持口腔卫生。特别强调晚间睡前刷牙，因睡后唾液分泌少，口内自洁作用差，如有食物残渣储留，口内微生物更易滋生繁殖。

要养成经常洗脸的习惯，以保持脸部卫生。洗脸时不要把肥皂涂满脸然后用毛巾搓，这样对面部皮肤有害。洗漱用具不与他人共用。冬天提倡用冷水洗脸，干毛巾擦脸，以提高御寒能力。

5. 眼、耳、鼻的卫生

擦眼、鼻时要用干净的手帕，不要用手抠鼻子。擤鼻涕时要左右鼻孔交替进行，并注意不要用力过猛。清洁外耳道时，不要用树枝和火柴等尖、硬物，可用手帕的一角拎起来清理。避免长时间接触高分贝噪声。经常按摩耳朵。不在强烈的或太暗的光线下看书、写字。不躺着看书，乘车走路时不看书。执行任务遇有风沙时，可戴风镜。

6. 饮食的卫生

做好饮食卫生是防止病从口入的关键。平时要养成饭前洗手的习惯，不喝生水，不吃变质食物；就餐时，不暴饮暴食，要保持食量的基本平衡，减少胃肠负担；各类瓜果要洗净后再食用，积极预防各种消化疾病和传染疾病发生；做好饮水消毒，需要饮用地表水（江水、河水、溪水等）时，应首先进行净化处理后再饮用。

7. 衣服和卧具的清洁

衣服和卧具脏了要换洗。若不能换洗，则应定期地打开抖一抖，并在阳光下暴晒以减少衣服和卧具上的细菌。

三、意外伤的救护

意外伤是指人员在军事训练中发生的意外损伤。掌握训练中意外伤的预防措施及应急处理方法，不仅能防止损伤的发生，阻止伤情恶化、减轻痛苦，还可为进一步就医提供方便。

(一)常见训练意外伤的种类及防治

1. 挫伤

挫伤是外力直接作用身体所致的闭合性损伤。其症状特征是：皮肤无裂口，局部青紫，皮下瘀血、肿胀、压痛，多见于四肢。轻挫伤一般不做特殊处理，伤后早期予以冷敷，两天后可做热敷。重度挫伤应做冰敷处理并注意休息。

2. 扭伤

扭伤是由于外力使关节活动超过正常范围，造成关节附近的韧带部分纤维断裂所引起的损伤。受伤部位肿胀、瘀斑、功能障碍、压痛。多发生于踝、腕、腰、膝。早期应冷敷治疗，局部可做理疗或热敷。

3. 擦伤

擦伤是指皮肤的表皮擦伤。轻者只涂少量红药水即可。如果伤口出现流黄水的情况，可涂紫药水。擦伤创面较重时，应由医生处理。

4. 刺伤

刺伤是指长而尖的器物刺入人体引起的损伤。伤口多数小而深。损伤器物较小，刺伤不靠近主要器官，当时可拔出异物，用碘酒或酒精消毒后，用纱布包扎好伤口；如果当时无把握判断是否刺伤主要器官或刺入物较大，一般不要立即拔出，应到医院处理，以免发生危险。被锈蚀钉子刺伤的伤口经处理后，应注射破伤风抗毒素。

5. 肌肉拉伤

肌肉拉伤通常是由于肌肉过度拉紧导致肌纤维撕裂而引起的伤后局部肿胀、疼痛，肌肉紧张或痉挛，活动受限。损伤早期，可用冷敷、抬高伤肢等方法处理，疼痛较重者可进行理疗、按摩。4天后可进行适当的功能锻炼。

6. 脱臼

脱臼是指关节脱位。伤后会出现关节周围肿胀、剧烈疼痛、关节变形、功能障碍。不论何处关节脱臼，均应保持固定，不可活动和揉搓，并急送医院处理。

7. 骨折

骨折有两种，一种叫闭合性骨折，特点是皮肤没有伤口，断骨不与外界相通；另一种是骨头的断端穿出皮肤，有伤口，因此叫开放性骨折。

（二）预防训练意外伤的一般措施

1. 严格操作规程

要按照规定的动作要领和操作规范进行训练，既要有勇猛顽强的作风，又要有扎实细致的态度，做到动作快捷而准确，还要注意遵守训练纪律，保证训练场秩序。

2. 遵循训练规律

要按照自身的接受能力和训练程度参加训练，克服争强好胜或信心不足等不良心理，既不急于求成，又不畏手缩脚，按照循序渐进的原则确定强度和难度。

3. 做好准备活动

训练前的身体准备活动要充分并具有针对性，一般不少于10分钟，切不可走过场，不然就会因肌肉僵硬、身体的灵活性和协调性差而造成训练损伤。训练结束后应做好整理活动。

4. 掌握保护方法

要学会自我保护和互相保护的方法，特别是在一些难度高、危险性大、动作复杂、不易掌握的科目训练中，更要注意做好保护，以防发生意外事故。

5. 坚持训前检查

训练前，要主动认真地检查器械、设备，确定有无损坏，安装是否稳固。训练场地内如有石块、砖瓦等容易造成人员损伤的物体，要及时加以清除。

四、特殊战伤的急救

特殊战伤表现为伤情严重、复杂，往往危及伤员生命，急需救治。及时准确地处理伤情，稳定伤势，能够为抢救和后送伤员争取时间，避免因重伤致残或致死。

(一)贯通伤的急救

贯通伤是战时常见的一种战伤,多为子弹、弹片、刺伤等所造成的损伤。贯通伤的急救必须迅速、准确、有效,做到抢救争分夺秒。

1. 迅速脱离危险环境

救护人员应使伤员迅速安全地脱离危险环境,排除可以继续造成伤害的因素。如将伤员从炮火中抢救出来,应转移到通风、安全、保暖、防雨的地方进行急救。但搬运伤员时动作要轻、稳,以免造成继发性损伤。

2. 解除呼吸道梗阻

呼吸道梗阻或窒息是伤员死亡的主要原因。应及时清除口咽部的血块、呕吐物、稠痰及分泌物,牵出后坠的舌或托起下颌,置伤员于侧卧位,或头转向一侧,以保持呼吸道通畅。

3. 处理活动性出血

控制明显的外出血,是减少贯通伤死亡的最重要措施。具体包括以下几个步骤:将伤员放平,抬高患处;去除容易去除的异物,但不要探查伤口深处异物;用衣服衬垫压迫伤口,连同伤口边缘一起固牢,如果受伤处仍有异物包埋,应避免外源压力直接压迫;使用绷带或条状物牢固地包扎伤口以施加压力;如果衬垫被血液渗透,不要移开它,而是用更多的衬垫放于患处并用另一条绷带扎牢。

4. 解除气胸所致的呼吸困难

当胸部受伤发生开放性气胸时,应迅速用厚层无菌敷料、毛巾等严密封闭伤口,变开放性气胸为闭合性气胸。

5. 伤口处理

伤口应用无菌敷料覆盖,如无现成的无菌敷料,也可暂时用洁净的布类物品代替,外用绷带或布条包扎,以免加重损伤和将污染物带入伤口深部。伤口内异物或血凝块不要随意去除,以免再度发生大出血。

(二)化学伤的急救

化学伤就是化学毒剂中毒或伤口直接染毒而造成的人员伤病。化学毒剂可以经过呼吸道、消化道、皮肤或黏膜进入人体，造成人员中毒甚至死亡。创伤伤口被感染后，毒素吸收快，中毒程度加重明显。毒剂种类不同，其伤情表现有不同的特点。

对化学伤的急救方法主要是迅速消除毒物：对皮肤染毒伤员，立即脱去染毒衣物；水溶性毒剂，用清水冲洗皮肤10分钟以上；脂溶性毒剂，用专门化学洗毒剂彻底清除毒素；对经过呼吸道吸入中毒的伤员，迅速撤离染毒区，短时间不能撤离的伤员，可戴防毒面具；眼内染毒的伤员，用大量清水冲洗10分钟以上；经过消化道中毒的伤员，可催吐、洗胃、导泻等；伤口染毒的伤员，应用清水冲洗干净（注意勿让洗液沾染周围组织，防止交叉染毒）再包扎。

五、战场自救互救

战场医疗救护包括自救和互救两个方面，是保存战斗力的重要工作。救护技术主要包括心肺复苏、止血、包扎、固定、搬运五项。

（一）心肺复苏

心肺复苏是针对呼吸、心跳停止所采用的抢救措施，即以人工呼吸替代自主呼吸，以心脏按压形成暂时人工循环并诱发心脏的自主搏动。

1. 判断心搏骤停

心搏骤停一旦发生，时间就是生命，抢救越早，复苏成功率越高。判断心搏骤停，首先应轻摇或轻轻拍打伤病员，同时呼叫其名字或大声呼喊，若无反应可判断为意识丧失；然后马上以手指触摸其双颈动脉，若意识丧失同时伴颈动脉搏动消失，即可判定为心搏骤停，应立即开始现场抢救，并紧急呼救以取得他人帮助。

2. 安置复苏体位

复苏体位是仰卧位，应在呼救的同时，小心地使伤病员仰卧在坚硬的平地上。安置时，应一手托住伤病员颈部，另一手扶着他的肩部，使伤病员沿其躯体纵轴整体翻转到仰卧位。

3. 开放气道

心搏骤停后,伤病员全身肌肉松弛,可能出现舌根后坠使气道受阻的情况。为了保持呼吸道通畅,可采用仰头抬颏法,也可采用仰头举颈法或双手托领法开放伤病员气道。

注意:在开放气道的同时,应用手指挖出伤病员口中异物或呕吐物,有假牙者应取出假牙。

4. 判断自主呼吸

判断伤病员有无自主呼吸,可以采用"一看二听三感觉"的方法。即看伤病员胸部有无起伏,用耳及面部贴近伤病员口鼻,分别听和感觉有无气体呼出,如没有,应立即进行口对口人工呼吸。

5. 重建呼吸

帮助伤病员重建呼吸最为有效的方法就是人工呼吸。人工呼吸时保持伤病员抬头仰颏,抢救者以右手拇指和食指捏紧伤病员的鼻孔,深吸一口气后,用自己的双唇将伤病员的口完全包绕,然后用力吹气1~1.5秒,使其胸廓扩张,吹气完毕,抢救者松开捏伤病员鼻孔的手,让伤病员的胸廓及肺依靠其弹性自主回缩呼气。

6. 重建循环

进行心外按压能使伤病员重建循环。进行时,抢救者可采用踏脚凳或跪式等不同体位,用靠近伤病员身体左侧的手的食指和中指置于伤病员胸骨下切肌上方,用另一只手的掌根部紧靠前一只手食指,放于胸骨下三分之一处(如图3-21所示),掌根部长轴与胸骨长轴重合,然后将前一只手置于另一只手手背,两手手指交叉抬起,使其不接触胸壁。按压时双肘伸直,垂直向下用力按压,下压深度4~5厘米,按压频率每分钟100次,按压时间与放松时间各占50%,放松时掌根不能离开胸壁,以免按压点移位。

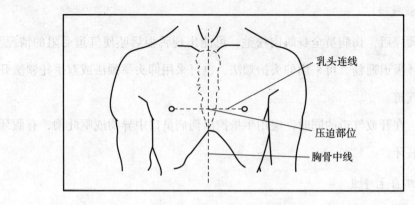

图 3-21 心外按压部位

7. 心外按压（双人）

双人同时进行人工呼吸及心外按压时，一人先做口对口人工呼吸 2 次，另一人做心外按压 30 次，以后人工呼吸数与心外按压数按 2 次、30 次反复进行（如图 3-22 所示）。

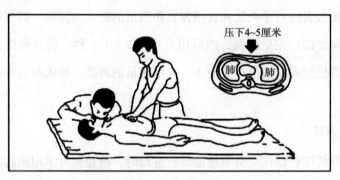

图 3-22 心外按压和人工呼吸

（二）止血

血液是生命的源泉，它通过心脏的不断收缩，循环于身体的各个部位。当失血量达到 30% 时，就会危及伤员的生命。

1. 出血种类

判定出血种类是正确实施止血的首要工作，方法是根据出血的特征加以判断。如果是动脉出血，颜色鲜红，呈喷射状，有搏动，出血速度快且量多；如果是静脉出血，则颜色暗红，呈涌出或徐徐外流，出血速度不如动脉出血快；如果是毛细血管出血,则颜色鲜红,从伤口向外渗出,出血点不容易判明。

2. 止血方法

止血是一种医疗技术,有许多简便的方法,运用起来十分奏效。

1) 加压包扎止血法

静脉、毛细血管或小动脉出血时,先将敷料盖在伤口上,然后用三角巾或绷带用力包扎。

2) 指压止血法

较大的动脉出血,要临时用手指或手掌压迫伤口近端的动脉,将动脉压向深部的骨头上,阻断血液的流通,以达到临时止血的目的。

3) 止血带止血法

止血带是一种制止肢体出血的急救用品。常用的止血带是约1米长的橡皮管。一般在四肢大动脉出血用其他方法止血无效时,采用止血带。方法要诀是:橡皮带左手拿,后头五寸要留下,右手拉紧环体扎,前头交左手,中食二指夹,顺着肢体向下拉,前头环中插,保证不松垮(如图3-23所示)。

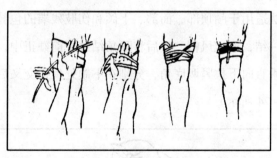

图3-23 止血带止血法

注意:使用止血带时,止血带与皮肤之间要加衬垫(敷料、衣服等),不能直接扎在皮肤上;扎止血带的伤员必须作标记,注明扎止血带的时间;止血带每隔1小时(冬季半小时)松开一次,每次松开2~3分钟,以暂时改善血液循环。松开时要逐渐放松,如有出血,应再扎上止血带;如不再出血,可改用三角巾压迫包扎伤口。

4) 卡式止血带止血法

卡式止血带是一种新型、便于携带、松紧可调的塑料卡锁止血带,适用于四肢静脉、毛细血管和小动脉出血。其操作方法是：在出血处加上敷料垫，打开活动锁紧开关，用一只手拿住活动锁紧开关压住敷料，另一只手从肢体下方拉过涤纶松紧带头端，绕肢体一圈，将插入式自动锁卡插进活动锁紧开关内，然后用一只手按住活动锁紧开关，另一只手用力拉紧松紧带，直到不出血为止。

放松时，用手向后扳放松板；解开时，用手指向下按压开关即可。

（三）包扎

包扎通常使用配发的急救包，使用时把急救包沿箭头方向撕开，将敷料盖在伤口上，然后进行包扎。不同部位具有不同的包扎方法。

1. 头面部伤的包扎

1）帽式包扎法。

帽式包扎法适用于颅顶部的损伤。将三角巾底边的中点放在伤员眉间上部，顶角经头顶垂向枕后，再将底边经左右耳上向后拉紧，在枕部交叉，并压住垂下的顶角，将顶角随一底边角拉紧在前额部打结固定。

2）风帽式包扎法。

风帽式包扎法适用于颅顶部、面部、下颌和伤肢残端的包扎。将三角巾顶角和底边中央各打一结，形似风帽，然后将顶角结放于前额正中，底边置于枕外隆突下方，两手垂直向下拉紧两底角，分别在下颌处反折交叉后绕至枕后结上打结固定（如图 3-24 所示）。

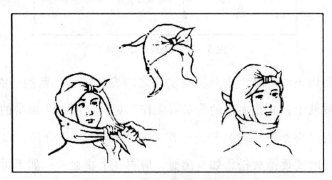

图 3-24　三角巾头部风帽式包扎法

3）下颌包扎法。

下颌包扎法适用于下颌部伤口和下颌骨折固定包扎。将三角巾折叠成约四横指宽条带状,取三分之一处抵住下颌,长端经耳前绕过头顶至对侧耳前上方,与另一端交叉,然后分别绕过前额及枕后,于对侧相遇打结固定。

4) 面部包扎法。

面部包扎法将三角巾顶角打一结兜住下颌,盖住面部,然后拉紧两底角,在头后交叉,绕至额前打结。包好后,在眼、口、鼻的地方剪洞,露出眼、口、鼻。

2. 四肢伤的包扎

1) 三角巾包扎上肢。

三角巾包扎上肢将三角巾一底角打结后套在伤侧手上,结的余头留长些备用,另一底角沿手臂后侧拉至对侧肩上,顶角包裹伤肢,前臂屈至胸部,拉紧两底角打结。

2) 三角巾包扎手(脚)。

三角巾包扎手(脚)将手(脚)放在三角巾中央,手(脚)指朝向顶角,拉顶角盖住手(脚)背,两底角左右交叉压住顶角绕手(脚)腕打结。

3) 三角巾包扎小腿和脚。

三角巾包扎小腿和脚将三角巾铺平,顶角在前,将伤脚放于三角巾中央适当位置,反折顶角于脚背,再将两底角提起包裹顶角,绕踝关节部位的肢体后固定打结(如图 3-25 所示)。

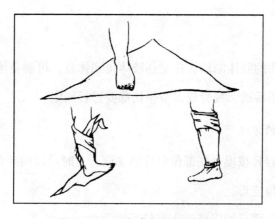

图 3-25 三角巾包扎小腿和脚

4）三角巾包扎肘、膝。

三角巾包扎肘、膝将三角巾折成适当宽度的带形，将带的中部斜放于伤部，取带两端分别压住上下两边，包绕肢体一周后在伤口背侧打结。

3. 胸（背）部伤的包扎

将三角巾的顶角放在伤侧胸部肩上，把左右两底角拉到背后打结，然后和顶角打结（如图3-26所示）。本方法也适用于背部包扎。

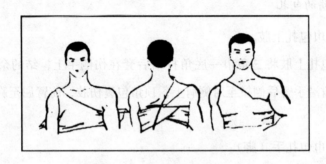

图3-26 三角巾胸部包扎法

4. 腹部伤的包扎

腹部损伤或伴随脏器脱出通常采取腹部兜式包扎法。三角巾顶角朝下，底边横放于腹部，两底角向后拉紧于腰背部打结，然后把顶角经会阴拉至臀部上方，与腰部余结头打结。腹部脏器脱出时，可用饭碗或武装带围成圈后放在敷料上进行保护性包扎。

（四）固定

固定是使受伤的肢体制动，让受伤肢体得到休息，可避免增加损伤，也可减少伤员痛苦，便于后送。凡骨或关节损伤都要进行固定。

1. 判断骨折的方法

（1）用手指轻轻按摸受伤部位时疼痛加剧，有时可以摸到骨折断端。

（2）受伤部位变形。

（3）受伤部位明显肿胀或受伤部位不能活动。

（4）骨折断端有时可用手摸到骨摩擦感。

2. 骨折临时固定的方法

目前骨折临时固定所采用的制式材料为卷式夹板,紧急情况下,也可使用三角巾、枪支、树枝等就便器材代替。

1)锁骨骨折三角巾临时固定法。

锁骨骨折三角巾临时固定法在伤员的腋窝处加好棉垫,用两条三角巾分别折成五横指宽的条带,环绕腋窝一周,在腋后打结,然后把左右打结的三角巾拉紧,在背后打结,使左、右肩关节后伸外展。也可用一条三角巾折成条带或用夹板进行临时固定。

2)上臂肱骨骨折三角巾临时固定法。

上臂肱骨骨折三角巾临时固定法将三角巾折叠成与上臂长度相等的宽带,将肱骨固定在躯干上,然后屈肘90度,再用三角巾将前臂悬吊于胸前(如图3-27所示)。也可用夹板或就便器材进行临时固定。

图3-27 上臂肱骨骨折三角巾临时固定法

3)前臂尺桡骨骨折临时固定法。

前臂尺桡骨骨折临时固定法用卷式夹板的头端从手背腕部推向肘关节,再将卷式夹板回返推向手心处,然后用两条三角巾条带分别在骨折两端绕肢体两圈固定,最后用一条三角巾将骨折肢体悬吊于胸前(如图3-28所示)。此处骨折也可用其他方法进行临时固定。

图3-28 前臂尺桡骨骨折临时固定法

4) 小腿胫腓骨骨折临时固定法。

小腿胫腓骨骨折临时固定法用四条三角巾条带分别在骨折的上端、下端将伤肢绕两圈临时固定在健肢上,然后用一条带状固定带在踝关节处用"8"字形固定,再用一条三角巾折成五指宽将两膝关节固定。此处骨折也可用其他方法进行临时固定。

5) 大腿股骨骨折临时固定法。

大腿股骨骨折临时固定法用卷式夹板两块,一块放于大腿内侧,一块放于大腿外侧,一块长度不够时可接上一块,在骨突出处加垫,用条带固定骨折上端和下端,然后用条带固定膝关节,再用条带成"8"字形固定踝关节,最后在大腿根部将夹板固定。此处骨折也可用其他方法进行临时固定。

注意:①骨折固定一旦伤口出血,应先止血包扎后固定;②大腿和脊柱骨折时应就地固定;③固定要牢固,松紧要适当;④夹板与皮肤之间应垫棉花、衣服等。

(五) 搬运

在战场上对伤员进行止血、包扎、固定处理后,应安全迅速地将伤员搬运到较隐蔽地点,及时送救护所救治。根据战场时机和伤员伤情应采取不同的搬运方法。

1. 侧身匍匐搬运法

救护者侧身在伤员背侧,将伤员腰部垫在大腿上,伤员两手放于胸前,救护者右手穿过伤员腋下抱肩,使伤员上体脱离地面并贴紧救护者,左前臂撑于地面,两眼目视前方,按照侧身匍匐的方法要领蹬足向前移动。其动作要领概括为"垫腰、抱肩、撑肘、蹬足"。注意伤员受伤部位朝上,伤员头部和上肢不要着地。

2. 单人肩、背、抱法

当伤员周围无敌人火力威胁、伤员伤势较轻时,可采用单人肩、单人背或单人抱法进行搬运(如图3-29所示)。

图 3-29 单人肩、背、抱法

3. 双人徒手搬运法

双人徒手搬运法适用于搬运头、胸、腹部受伤的重伤员（如图 3-30 所示）。

图 3-30 双人徒手搬运法

4. 担架搬运法

担架搬运法最适用，只要战况和条件许可，应尽量用此法。首先迅速展开担架，放于伤员伤侧，将其装备解除，坚硬物品要从口袋中取出。一人托住伤员头部和肩背部，另一人托住伤员腰臀部和下肢，协力将伤员平稳地轻放在担架上，根据伤情取合适体位，系好担架扣带以固定伤员，两人合力抬起担架前进。行进过程中要保持伤员头朝后脚朝前，便于后边担架人员密切观察伤员伤情变化。如果遇到陡坡路段，要及时调整，头部朝向前方。在没有制式担架时，可利用就便器材如木棒、绳索、大衣、步枪等制作各种简易担架。

实训项目

1. 心外按压（双人）训练。
2. 三角巾包扎小腿和脚训练。
3. 双人徒手搬运法训练。

第三节 核生化防护

防护，是士兵在作战过程中防备敌人各种常规武器和核武器、生物武器、化学武器的杀伤，有效保存自己的战斗行动。士兵要学会对核武器、生物武器、化学武器的防护，以适应现代条件下作战的需要。

一、防护基本知识

随着科学技术的发展，各种先进武器装备不断出现，对部队的防护技术提出了更高要求，本节主要介绍核武器、生物武器、化学武器袭击的杀伤破坏因素。

（一）核武器

核武器利用原子核进行裂变或聚变反应的瞬间释放的巨大能量，产生爆炸作用，是具有大规模杀伤破坏效应的武器的总称，主要包括氢弹、原子弹、中子弹、三相弹、反物质弹等与核反应有关的巨大杀伤性武器。核武器爆炸，不仅释放的能量巨大，而且核反应过程非常迅速，微秒级的时间内即可完成，因此，在核武器爆炸周围不大的范围内形成极高的温度，加热并压缩周围空气使之急速膨胀，产生高压冲击波。地面和空中核爆炸，还会在周围空气中形成火球，发出很强的光辐射。核反应还产生各种射线和放射性物质碎片。向外辐射的强脉冲射线与周围物质相互作用，造成电流的增长和消失过程，其结果又产生电磁脉冲。这些不同于化学炸药爆炸的特征，使核武器具备特有的强冲击波、光辐射、早期核辐射、放射性沾染和核电磁脉冲等杀伤破坏作用。核武器的出现，对现代战争的战略战术产生了重大影响。

核武器的杀伤破坏因素主要有冲击波、光辐射、早期核辐射、放射性沾染、核电磁脉冲。前四种杀伤破坏因素在爆炸后的几十秒内起杀伤破坏作用，所以又叫瞬时杀伤破坏因素。人员受到一种杀伤破坏因素的伤害叫单一伤，受到两种及以上杀伤破坏因素的伤害叫复合伤。

1. 单一伤

1）冲击波损伤

冲击波是核爆炸时所产生的高速高压气浪，它是由高温、高压火球猛烈地膨胀、急剧地压缩周围的空气而形成的，是核武器的主要杀伤破坏因素，能直接或间接造成人员脑震荡、骨折、内脏破裂和皮肤损伤。

2）光辐射损伤

光辐射是从核爆炸时所产生的高温火球中辐射出来的光和热。光辐射对人员可造成皮肤烧伤、呼吸道烧伤、眼烧伤等损伤。

3）早期核辐射损伤

早期核辐射是指核爆炸 15 秒内释放出的中子和 X 射线所产生的辐射，可以导致人体组织细胞的变异和死亡。

4）放射性沾染损伤

放射性沾染是指核爆炸时所产生的放射性物质对地面、水域、食物、人员、武器装备等造成的沾染，是核武器特有的杀伤破坏因素之一。

2. 复合伤

核爆炸后产生的几种瞬时杀伤破坏因素，几乎是同时作用于人员和物体的，所以人员受到的杀伤破坏，常常是几种杀伤破坏因素综合作用的结果，所造成的伤害或破坏常常是复合型的。复合伤的类型与 TNT 当量、距爆心的距离、防护状况有关。复合伤可分为三类：一是以放射性沾染损伤为主的复合伤；二是以烧伤为主的复合伤；三是以冲击波损伤为主的复合伤。其特点有两个：一是伤情复杂；二是复合伤中的主要损伤决定复合伤的伤情发展。

（二）生物武器

战争中用来伤害人或毁坏农作物的致病微生物及其产生的毒素称为生物战剂。装有生物战剂的各种炸弹、导弹和气溶胶发生器、布洒器等称为生物武器。

生物武器具有致病力强、污染范围广、危害时间长和难以发现等特点，但生物武器的使用受自然条件的影响较大，且难以控制。

生物战剂按对人所造成的伤害程度可分为失能性生物战剂和致死性生物战剂；按所致疾病有无传染性可分为传染性生物战剂和非传染性生物战剂；按致病微生物的种类可分为细菌、衣原体、病毒、真菌和毒素等。

生物战剂侵入人体的途径有以下几种：吸入，即被生物战剂污染的空气可从呼吸道进入人体；误食（饮），即被生物战剂污染的水、食物等，可从消化道进入人体；皮肤接触，即生物战剂可经皮肤、伤口等进入人体。大多数生物战剂侵入人体后，会使人员出现发热、头痛、全身无力、上吐下泻、咳嗽、恶心、呼吸困难、局部或全身疼痛等症状。

（三）化学武器

军事行动中，以毒害作用杀伤人畜的化学物质，叫作军用毒剂（又称化学战剂）。装填军用毒剂并将军用毒剂造成战斗状态的兵器，称为化学武器。与常规武器相比，化学武器具有杀伤范围大、杀伤途径多、伤害作用持续时间长、威慑作用大等特点，但化学武器的使用受气象、地形条件的影响大。

军用毒剂按毒害作用可分为神经性毒剂、糜烂性毒剂、全身中毒性毒剂、失能性毒剂、窒息性毒剂、刺激性毒剂六种。使用化学武器后，军用毒剂起伤害作用的状态叫作战斗状态。军用毒剂的战斗状态有蒸汽态、气溶胶态、液滴态和微粉态。

军用毒剂的种类和战斗状态不同，化学武器对人员的杀伤途径也不一样。毒剂施放后，可通过三种途径引起人员中毒：吸入中毒，即染毒空气经呼吸道进入人体引起的中毒；食入中毒，即误食染毒的食物、饮用染毒的水等引起的中毒；接触中毒，即皮肤、眼睛和伤口接触染毒的地面、物体引起的中毒。

二、对核生化武器的防护

对核生化武器的防护是指军队对敌人的核武器、生物武器、化学武器袭击所采取的防护措施。在未来信息化条件下的局部战争中，核武器、生物武器、化学武器的威胁依然存在,并且这种威胁将出现新的形式和特点,防护难度增大,防护要求更高。

(一) 对核武器袭击的防护

对核武器袭击最有效的防护措施是进入人防工事。来不及利用工事时,应采取相应的防护措施,以实现有效的防护。对核武器袭击时的防护主要包括以下几个方面。

1. 核武器袭击前的防护准备

核武器虽然有很大的杀伤破坏作用,但也是可以防护的。疏散隐蔽、构筑工事、利用防护器材、采取正确的防护方法等,都是有效的防护措施。只要有了充分的防护准备和熟练的防护技能,就可减少甚至避免其杀伤破坏作用。

在接到转入战时的通告后,人人都要经常收听广播和收看电视台关于防敌空袭和防护的指示、号令。按人防部门的规定,人防工事由平时转入战时,要加固、密闭,准备好个人防护器材,做好防火、防护的准备工作,密封粮食、储存净水,必要的个人随身物品一般都应按人分开携带。要使人员熟悉人防工事的位置、昼夜入口标志、进入工事的路线和行动方式,熟悉防空警报信号。预先警报是遭空袭时的早期预报,听到警报后应立即携带生活用品、防护器材和照明器材等进入人防工事。室内人员应迅速拉断气闸、熄灭炉火,关闭煤气、门窗;路上行人、车辆和公共场所的人员,应听从指挥,迅速到指定地点隐蔽。

空袭警报是报知空袭马上就要到来的信号,此时应关闭防护密闭门。如遇空袭警报时,人员在街上或乘车途中,应下车就近找人防工事、地铁、地下人行道、隧道或涵洞隐蔽;警报解除后,还要注意了解解除警报后人员行动需要遵守的注意事项,如哪些路已不能行走等,然后才开始行动。还要对粮食、水源及各种重要物资、器材采取覆盖、埋藏或山洞贮存等方式进行保护。对地下室要进行检查,并落实防火密闭措施。

2. 核武器袭击时的防护行动

1) 对核爆炸瞬时效应的防护

(1) 在开阔地上的防护。

当人员在开阔地上行动，收到核袭击警报信号或发现核闪光时，应立即背向爆心卧倒。卧倒时，两手交叉压于胸下，两肘前伸，头自然下压夹于两臂之间，闭眼闭嘴（有条件时堵耳），憋气（当感到热空气时），两腿伸直并拢。正在行驶的车辆突然遇到核闪光时，驾驶员应立即停车，将身体弯曲或卧伏于驾驶室内。乘车人员应尽量卧倒。

(2) 利用地形地物防护。

利用土丘、土坎等高于地平面的地形，可以有效地减少核武器的杀伤。当发现核爆炸闪光时，应就近利用地形背向爆心的一面迅速卧倒（动作要领同开阔地）。利用较大的土丘、土坎时，可对向爆心卧倒，重点防护头部。利用土坑、弹坑、沟渠等低于地面的地形防护时，首先应携带武器快速跃（滚）入坑内，身体蜷缩，跪或坐于坑内，两肘置于两腿上，两手掩耳，闭眼闭嘴，暂停呼吸。若坑大底宽，也可横向或对向爆心卧倒。利用沟渠时，宜用横向爆心的沟渠卧倒防护，若沟渠的走向对向爆心，最好利用拐弯处防护。坚固的建筑物对瞬时杀伤因素具有一定的防护作用。若在室外应尽量利用墙的拐角或紧靠墙根卧倒。

(3) 特殊情况下的防护。

若在室内应在屋角或床、桌下卧倒或蹲下，但注意不要利用不坚固或易倒塌的建筑物，避开门窗处和易燃易爆物，以免受到间接伤害。另外，山洞、桥洞、涵洞、下水道等都可用来防护；有时利用树木、丛林、青纱帐或潜入水中防护，也有一定的效果。

2) 对放射性沾染的防护

(1) 对放射性烟云沉降的防护。

处于爆心下风向的人员，在放射性烟云到达之前，要做好防护准备。当发现放射性烟云开始下降时，应迅速穿戴好防护器材。

(2) 通过沾染区时的防护。

通过沾染区时，应避开辐射水平高的地区（绕道通过），无法避开时，应尽量推迟进入的时间，并利用防护器材进行全身防护。通过沾染区的人员之间应保持适当的距离，加快行进速度，尽量缩短停留时间，减少灰尘的扬起。

3) 消除放射性沾染

消除放射性沾染是指利用各种措施，将放射性物质从人员、物体表面去除，以减轻放射性物质对人员的伤害。

(1) 对人员放射性沾染的消除。

人员通过沾染区后，要尽快进行洗消。在沾染区内，应利用战斗间隙进行局部洗消，情况允许时，可撤出沾染区进行全身洗消。局部洗消是指擦洗身体的暴露部位，如头、脸、颈、手等，以去除放射性灰尘。用湿毛巾擦拭皮肤，消除率可达90%；用干毛巾擦拭，消除率也在65%以上。全身洗消，一般在洗消站内进行，夏季也可在未受到沾染的江河、湖泊里进行洗消。

(2) 对服装放射性沾染的消除。

对穿在身上的服装可自行拍打或互相拍打；对脱下的服装可挂起来拍打。拍打时，人员应站在上风向，按照从上至下、先外后里的顺序进行。人员背风站立，将受到沾染的服装用力甩几次，对衣领部位要进行抖拂。可用扫帚、草把等对服装进行扫除。将受到沾染的服装用洗衣剂搓洗后，再用清水冲洗，洗涤时，应戴橡胶手套、口罩。

(3) 对武器装备放射性沾染的消除。

对武器装备放射性沾染进行消除是为了避免或减轻放射性沾染对人员的伤害。消除时，可以利用擦拭、扫除、水冲等方法进行。

(4) 对地面放射性沾染的消除。

消除地面放射性沾染时，可用铲除法将受到沾染的地面铲除3厘米深左右，铲除时从上风向开始，注意不要扬起灰尘，也可用清扫法清扫地面。铲除和清扫的泥土、尘土，应集中掩埋。

(二) **对生物武器袭击的防护**

1. 及时发现生物武器袭击的征候

敌机喷洒生物战剂时，常常会在低空慢速盘旋，后尾有烟雾带，或空投容器（无爆炸声）。如果处于该地区的人员或动物在几分钟内没有出现化学战剂中毒症状，就应初步怀疑是生物战剂。生物武器爆炸时，爆炸声小而低沉，弹坑较小、无闪光或闪光小，烟团小且呈灰白色，在弹坑附近可能会留下粉末、液体或特殊容器等。投掷带菌的媒介物时，可在地面发现昆虫等小动物，且其出现的季节场所等可能会比较反常。例如，在冬季出现大量蚊、蝇等，或突然出现当地没有或少有的昆虫。敌人一般会选择在有微风的拂晓、黄昏、夜晚或阴天施放生物战剂。另外，还可根据病情判断。如果当地突然发生从未出现过的传染病，发病季节异常，大量人畜患同一种病，则可初步判断敌人施放的是生物战剂。

2. 防护方法

对生物战剂气溶胶的防护，主要是防止生物战剂气溶胶通过呼吸道、皮肤、眼睛侵入人体。

（1）对生物战剂气溶胶的防护与对染毒空气的防护基本相同，主要是防止生物战剂气溶胶通过呼吸道或皮肤、眼睛、黏膜进入人体。防毒面具、防疫口罩都能保证呼吸道不吸入带菌空气，穿着防毒衣或防疫服，既可防生物战剂气溶胶污染皮肤，又可防带生物战剂的昆虫叮咬；也可采用扎紧领口、袖口、裤脚的方法进行防护，还可使用避蚊灵、避蚊罩等。

（2）对生物武器特有的防护方法是注射防疫针、服预防药。根据可能使用生物战剂的类型，提前进行防疫注射，对大多数生物战剂有明显的防疫效果。

（3）人员在生物战剂污染区内行动时，要学会识别污染区的标志，进行个人防护，遵守在污染区和疫区的行动规则。

（4）对怀疑的受染人员要进行必要的检查。发现病人时，先进行隔离，并立即报告医务人员，妥善处理。

（5）对污染的服装、器具和房室彻底消毒。

（6）杀虫、灭鼠。杀灭昆虫可采用打、捕、烧、熏或喷洒杀虫药（如敌敌畏、灭害灵、敌百虫等）等方法；灭鼠可采用灭鼠灵等杀鼠药并结合捕、打、挖等方法。使用药物时，应注意人员安全并妥善处理带病菌的昆虫或小动物尸体。

应当指出：无论是敌投还是当地的昆虫、鼠类都是生物战剂传播的媒介物，都能传播多种疾病，所以，平时对当地的鼠类和有害昆虫要经常进行灭杀，减少战时生物战剂可能利用的传播媒介，有利于减少生物战剂的危害。有害昆虫和鼠类生长、繁殖的地方，要经常进行灭虫杀鼠。平时讲究环境卫生，加强体育锻炼，提高健康水平，是防止传染疾病流行、对付生物武器的有力措施。

生物武器对人类的危害程度较大，直接威胁着人类的生存，因此，全人类应该团结起来共同反对研制和使用生物武器。

（三）对化学武器袭击的防护

在遭到化学武器袭击的情况下，迅速、正确地使用个人防护器材和集体防护工事，是减轻和避免毒剂伤害的重要措施。

1. 及时发现化学武器袭击的征候

及时发现化学武器袭击的征候，是做好防护工作的重要前提。战斗中，通常采取听、看、嗅的方法发现化学武器袭击的征候。毒剂弹爆炸的声音与一般的杀伤弹爆炸的声音有区别，毒剂弹爆炸的声音通常较低沉。并且，毒剂弹爆炸时，爆震感较弱，爆炸后会出现浓密的烟雾团，持续时间长，没有明显的地面抛起物。烟雾团向下风向飘移较远，弹片较大，并且可能有油状物。弹坑较小，弹坑内及周围有时会有潮湿现象或明显的油状液滴，有时在水面上会出现"油膜"。大多数毒剂有特殊的气味，在嗅觉可发现的浓度下，闻到气味后及时进行防护才不会引起伤害。此外，还可通过个别人员、小动物等中毒的症状来进行判断。及时发现或确定化学武器袭击的方法有以下三种。

（1）事先了解人防部门规定的信号。

（2）学会识别毒区的标志。

（3）学会初步判断敌人使用化学武器袭击的迹象。例如，飞机布撒毒剂时，飞得很低，并伴有大量烟雾；炸弹爆炸后，地面有大片油状斑点，闻到异常气味或眼睛、呼吸道有刺激感；看到动物有异常变化，如蜂、蝇飞行困难或麻雀、鸡、羊等中毒死亡；植物的花、叶发生明显变色或枯萎等。看到这些情况后，应自觉采取防护措施，并报告人防部门防化专业分队侦察、判定。

2. 防护方法

为了避免或减少化学武器对人员的伤害，战斗中应充分做好防护准备，使防护器材处于良好状态，携带的防护器材要便于使用，不影响战斗行动。当遭到化学武器袭击时，要迅速戴好防毒面具。当毒剂弹爆炸后有飞溅的液滴或飘移的烟雾时，应迅速对全身进行防护。情况允许时，除观察人员和值班人员外，其他人员应立即进入工事，关好防护门。利用有防护设施的工事防护时，应根据指挥员的命令有组织地进行防护，不得随意进出。进入工事时应防止将毒剂带入，进入后要减少各种活动。直接通过染毒区域时，应在指挥员的组织下充分做好防护准备，到达染毒区域前利用地形迅速穿戴好防护器材。通过时，应根据敌情和地形，选择坚硬、植物少的道路，尽量避开弹坑和泥泞、松软、有明显液滴的地方。情况允许时，可适当拉开距离，快速通过。通过后，应根据指挥员的指挥或利用战斗间隙检查染毒情况，对人员、服装、武器等进行消毒。

3. 消毒

利用化学方法、物理方法等，使毒剂失去毒性或从人员、物体上除去毒剂的过程，叫消毒。消毒时，按先人员、服装，后武器装备、地面的顺序进行。人员染毒后应尽快进行消毒，尤其是神经性毒剂和糜烂性毒剂，越早消毒越好。服装染毒后，可用消毒液进行消毒。战斗情况紧急、无法消毒时，可将服装上的染毒部位用小刀切除，染毒严重时应脱下服装。武器装备材料不同，染毒情况也不同。坚硬的材料，对表面进行消毒，就能有效消毒；松软的材料，则需要对深层进行消毒。在消毒时，应根据不同的材料，确定消毒液的用量和消毒次数。

三、防护装备使用

防护装备是使人员免受化学毒剂、生物战剂和放射性灰尘伤害的器材。它包括呼吸道防护器材、人体皮肤防护器材和简易防护器材等。

（一）呼吸道防护器材

呼吸道防护器材用于防止人员吸入有毒气体，同时又使人员能够正常呼吸以维持生命。常用的呼吸道防护器材为过滤式防毒面具，过滤式防毒面具由面罩、滤毒罐和面具袋等组成。滤毒罐有滤烟层和滤毒层两部分，滤烟层能有效滤除毒烟、毒雾，滤毒层能滤除空气中的毒气。若某些有毒气体不能被滤毒罐除去，就应换装有生氧剂的面具进行防护。在使用防毒面具时，要选配适合的面具，过大、过小都不能保证防护效果;要检查外观,看是否有损坏;要进行灭菌,保证卫生;要进行气密性检查,看是否漏气;还要进行佩戴训练,做到正确、迅速地佩戴面具,使之发挥最佳效果。由于滤毒罐的过滤能力是有限的,在使用时不得超过使用时限。

(二)人体皮肤防护器材

人体皮肤防护器材能有效阻挡军用毒剂、生物战剂及放射性尘埃对皮肤的直接伤害。皮肤防护器材包括防毒衣、防毒斗篷、防毒围裙、防毒手套和防毒靴等。66型连身防毒衣是上衣、裤子、靴套连在一起的,与手套、腰带和衣袋组成一套。穿防毒衣时,先撑开颈口、胸襟,把两腿穿进裤内,再穿好上衣,然后卷起外袖,将拇指插入套环,系好鞋带、腰带,戴上防毒面具,接着戴上防毒头罩,扎好胸襟,系好颈扣带,戴上手套,放下外袖系紧。

(三)简易防护器材及其制作

在没有制式器材可用的情况下,利用一些简单材料,也可制作一些简易器材供人员防护使用。

1. 简易呼吸道防护器材

简易呼吸道防护器材包括滤毒口罩(取普通毛巾叠成12层,将上端两角折回,按自己脸型缝成鼻垫,加上带子做成口罩,浸上弱碱性溶液。浸碱防毒口罩对沙林、光气、氢氰酸等毒剂有一定防护效果)和简易滤毒筒。

滤烟材料可用锯木屑、纸粉、棉花和棉织物,滤毒材料可用晒干的浸碱砖粒、石灰黏土颗粒等。要注意均匀装填,保证气流均匀通过;要注意滤毒筒与脸部的密合程度,否则达不到防护效果。

2. 简易防毒眼镜

选取适当材料按要求制作防毒眼镜,对眼睛进行防护,可减轻对眼睛的伤害。

3. 简易防毒面具

用简易防毒面罩、简易滤毒筒、简易防毒眼镜可制成简易防毒面具。做防毒面具的材料要柔软且具有一定的强度，不透气，如人造革、橡胶布、桐油布等。

实训项目

1. 如何对特殊战伤进行急救？
2. 如何对核武器袭击进行防护？
3. 如何对化学武器袭击进行防护？

第四章

战备基础与应用训练

教学目标

了解战备规定、紧急集合、行军拉练、野外生存的基本要求与方法，学会识图用图，了解电磁频谱监测的基本技能，培养学生分析判断和应急处置能力，全面提升大学生综合军事素养。

第一节 战备规定

战备是武装力量为及时应对可能发生的战争或突发事件而在平时进行准备和戒备的活动。必须牢固树立战备观念，了解战备常识，搞好战备的各项训练。

一、战备规定的内容

战备规定，是为了规范战备工作的内容和基本行动方法，对战备工作所作出的规定。我军战备规定主要包括日常战备秩序、日常战备制度、战备等级规定、

"三分四定"等内容。认真落实战备各项规定,是保持良好战备状态、圆满完成任务的重要保证。

(一)日常战备秩序

战备秩序是战备活动按照有关条令和规定保持的井然有序状态。必须高度重视战备工作,紧密结合形势和任务,经常进行战备教育,增强战备观念,建立正规的战备秩序。

1. 建立战备方案

分队必须建立健全战备方案和各种保障措施,并经常组织部属熟悉其内容,进行必要的演练。当编制、装备和任务发生变化时,应当及时修订战备方案。

2. 做好物资管理

分队各类战备物资,应当区分携行、运行、后留,分别放置,并做到定人、定物、定车、定位。平时消耗性的战备物资应当及时补充,应急储备的战备物资应当定期更换,保质保量。上级配发的战备器材不得随意动用。后留和上缴的物资,应当建立登记和移交手续。个人携行和后留物品应当统一保管,并按照有关规定注记清楚。

3. 保持装备完好率和人员在位率

分队应按规定保持装备完好率和人员在位率,保证随时遂行各种任务。

4. 进行紧急集合训练

为锻炼分队紧急行动能力,检查战斗准备状况,各分队应定期进行紧急集合训练。紧急集合的具体时间由分队指挥员根据本分队的任务和所处环境等情况及首长、机关的指示确定。

(二)日常战备制度

1. 战备教育制度

战备教育制度是完成战备任务和作战任务的重要保证。目的在于根据国内外军事、政治、经济领域斗争形势的发展变化,帮助人员克服和平麻痹思想和松懈情绪,增强战备观念,牢固树立战斗队思想,提高做好战备工作的自觉性,为建立正规的战备秩序提供坚实的政治基础。

2. 军情研究制度

军情研究制度是分队平时重要的基础性战备工作。军情研究主要是结合作战任务，定期对主要作战对象的编制、装备、作战思想、作战原则、基本战法、部署变动、保障发展等情况进行研究。

3. 战备值班制度

战备值班制度分为平时战备值班、节日战备值班和等级战备值班制度。担负平时战备值班任务的分队通常一年调换一次。

4. 节日战备制度

节日战备制度是指在元旦、春节、"五一"国际劳动节、"八一"建军节和"十一"国庆期间，为保证国家安全和人民欢度节日而组织的一种短期战备值班制度。

5. 兵员管理制度

兵员管理制度是按编制编配、使用、管理兵员的制度。兵员调动必须经部队首长批准，由军务部门承办。

6. 武器装备管理制度

武器装备管理要严格执行《中国人民解放军武器装备管理条例》，以科学化、制度化、经常化管理为重点。

7. 战备物资管理制度

战备物资管理应按规定配备储备，按"三分四定"的要求存放管理。战备物资的"三分四定"是部队战备物资管理的基本要求。单位和个人应当按照规定的数量、质量，储备、保管战备物资，并实行"三分四定"。"三分"，就是将战备物资分为携行、前运、后留三部分，分别放置；"四定"即定人、定物、定车、定位。

8. 国防工程维护管理制度

国防工程维护管理是平时重要的战备工作。有国防工程维护管理任务的分队,要经常对工程组织检查维护,无关人员不得进入工事,不准利用工事种植、养殖或为地方储存物资,不准参观、拍照;发现工事及其内部设施遭到人为破坏,要及时与有关部门联系,并协助上级依据军事设施保护法处理。

9. 请示报告制度

请示报告制度是为上级机关及时了解部队动态、定下决策而建立的重要制度,包括值班情况报告、分队行动报告、实力报告、战备工作情况报告等。

10. 战备演练制度

战备演练主要是为了检查战备工作的落实情况和部队的作战能力。战备演练制度是根据战备方案和战备规定的有关内容,结合担负任务,从实战需要出发组织进行的战备训练。

(三) 战备等级规定

1. 战备等级划分

战备等级划分就是根据军队战备工作的轻、重、缓、急程度,按照一定的标准进行的划分。我军的战备等级共分为四级,即四级战备、三级战备、二级战备和一级战备。其中四级战备最低,一级战备最高。

四级战备,是指国外发生重大突发事件或者我国周边地区出现重大异常,有可能对我国安全和稳定带来较大影响时部队所处的战备状态。四级战备状态下部队的主要工作为:进行战备教育和战备检查;调整值班、执勤力量;加强战备值班和情况研究,严密掌握情况;保持通信顺畅;严格边境管理;加强巡逻等。

三级战备,即局势紧张,是指周边地区出现重大异常,有可能对我国构成直接军事威胁时,部队所处的战备状态。三级战备状态下部队的主要工作为:进行战备动员;加强战备值班和通信保障,值班部(分)队能随时执行作战任务;密切关注敌人动向,及时掌握情况;停止休假、疗养、探亲、转业和退伍,控制人员外出,做好收拢部队的准备;召回外出人员;启封、检修、补充武器装备器材和战备物资;必要时启封一线阵地工事;修订战备方案;进行临战训练,开展后勤、装备等各级保障工作。

二级战备,即局势恶化,是指对我国已构成直接军事威胁时,部队所处的战备状态。二级战备状态下部队的主要工作为：深入进行战备动员；战备值班人员严守岗位，指挥通信顺畅，严密掌握敌人动向，查明敌人企图；收拢部队；发放战备物资，抓紧落实后勤、装备等各种保障；抢修武器装备；完成应急扩编各项准备，重要方向的边防部队，按战时编制齐装满员；抢修工事、设置障碍；做好疏散部队人员、兵器、装备的准备；调整修订作战方案；抓紧临战训练；留守机构展开工作。

一级战备，即局势崩溃，是指针对我国的战争征候十分明显时，部队所处的战备状态。一级战备状态下部队的主要工作为：进入临战战备动员；战备值班人员昼夜坐班，无线电指挥网全时收听，保障不间断指挥；运用各种侦察手段，严密监视敌人动向，进行应急扩编，战备预备队和军区战备值班部队，按战时编制满员，所需装备补充能力优先保障；完成阵地配系；落实各项保障；部队人员、兵器、装备疏散隐蔽伪装；留守机构组织人员向预定地区疏散；完善行动方案，完成一切临战准备，部队处于待命状态。

2. 战备等级转换

战备等级转换是军队的战备由一个等级向另一个等级的改变。战备等级转换是战备工作的一项重要内容，是军队为增强快速反应能力，应付可能发生的突然情况，保证部（分）队适时转入相应等级战备状态而采取的重要措施。战备等级的转换在通常情况下，部队应根据命令由平时状态向四级、三级、二级、一级战备状态依次转进。有时也可根据命令越级转进。

四级战备为最低一级。此时部队呈戒备状态，控制外出，进行必要的战备教育，保持警惕性。

三级战备时部队进入部分作战准备状态，收拢人员，进行战备动员和物资器材的准备。

二级战备时部队进入全面准备状态，进行深入的战备动员，完成一切战斗行动（拉动）准备。

一级战备为最高一级。此时部队呈待发状态，人员、车辆、物资器材全部准备就绪，武器不离身，并进行临战动员，一声令下就可立即出动。

士兵应按照规定保持装备完好率和人员在位率，保证随时遂行各种任务。部队一旦进入战备等级状态，要求每一名人员必须做到：严格遵守保密规定，不泄露部队行动的秘密；外出探亲人员，接到上级的通知后要迅速归队；服从命令，听从指挥，按上级的命令完成各项工作；提高警惕，坚持在岗在位，保持良好的战备状态；进一步落实战备计划，随时做好出动准备。

（四）"三分四定"

"三分四定"是战备工作的重要内容，每一名战士在平时要严格按照规定做好各项工作，保证一旦有紧急情况，即可立即出动。

1. "三分"

"三分"，就是将个人的物资分为携行、运行、后留三部分，分别放置。携行物资就是紧急情况时自己随身带的必备物资；运行物资就是个人很需要，但自己携带不了，需要上级单位帮助运走的物资；后留物资就是不需要带走的个人物资（自己买的，不是部队发的东西），留在营房里，由上级统一保管。

2. "四定"

"四定"，即定人、定物、定车、定位。定人指根据战备行动方案，确定每个士兵在可能出现的紧急情况中所担负的任务、归谁指挥、可能的行动等内容；定物指确定士兵紧急出动时携带物资的数量、种类，主要规定武器装备的携带方法；定车指确定士兵紧急出动时所乘坐的车辆（车辆编号）；定位指确定士兵乘坐车辆的具体位置及在行进中可能担负的任务。

二、战备规定的要求

（一）日常战备的要求

（1）部（分）队必须高度重视战备工作，严格执行战备法规制度，紧密结合形势任务，经常进行战备教育，增强战备观念，建立正规的战备秩序，保持良好的战备状态。

（2）部（分）队应当制订完善战备方案，经常组织部属熟悉方案内容，进行必要的演练。编制、人员、装备、战场和形势任务等情况发生变化时，应当及时修订战备方案。

(3) 参照"物资管理"的内容。

(4) 部（分）队应当按照规定保持装备完好率、在航率和人员在位率，保持指挥信息系统常态化运行，保证随时遂行各种任务。

（二）节日战备的要求

各级应当按照战备工作有关规定，周密组织节日战备。

(1) 节日战备前，各级应当组织战备教育和战备检查，制订战备方案，修订完善应急行动方案，落实各项战备保障措施。

(2) 节日战备期间，各级应当加强战备值班。担负战备值班任务的部（分）队，做好随时出动执行任务的准备。

(3) 节日战备结束后，各级应当逐级上报节日战备情况，组织部（分）队恢复经常性戒备状态。

实训项目

战备等级转换对部队的具体要求有哪些。

第二节　紧急集合

紧急集合，就是在紧急情况下迅速进行的集合，是应对突然情况的一种紧急行动。军人一般根据上级的紧急战备号令实施紧急集合。军人一旦接到紧急集合的信号或命令，应立即按规定着装，携带武器装备和器材，迅速到达规定地点集合。

一、紧急集合要领

(1) 部（分）队应当根据上级的紧急战备号令，或者在下列情况下实行紧急集合：发现或者遭到敌人的突然袭击；受到火灾、水灾、地震、台风等自然灾害威胁或者袭击；上级赋予紧急任务或者发生重大意外情况。

（2）部（分）队首长应当预先制订紧急集合方案。紧急集合方案通常规定下列事项：紧急集合场的位置，进出道路及其区分；警报信号和通知方法；各分队（全体人员）到达集合场的时限；着装要求和携带的装备、物资、粮秣数量；调整勤务的组织和通信联络方法；值班分队的行动方案；警戒的组织、伪装、防空和防核、防化学、防生物以及防燃烧武器袭击的措施；留守人员的组织、不能随队伤病员的安置和物资的处理工作。

（3）部（分）队接到紧急集合命令（信号）后，应当迅速而有秩序地按照紧急集合的有关规定，准时到达指定位置，完成战斗或者机动的准备。

（4）部（分）队首长根据情况及时增派或者撤收警戒，督促全体人员迅速集合，检查人数和装备，采取保障安全的措施，指挥部（分）队迅速执行任务。

（5）为锻炼部（分）队紧急行动能力，检查战斗准备状况，通常连级单位每月、营级单位每季度、旅（团）级单位每半年进行一次紧急集合。紧急集合的具体时间由部（分）队首长根据任务和所处环境等情况确定。

（6）舰（船）艇部队、航空兵部队和导弹部队的部署操演、实兵拉动、战斗值班（战备）等级转进、战斗演练，按照战区、军兵种有关规定执行。

二、紧急集合训练

紧急集合分为全副武装紧急集合和轻装紧急集合两种。全副武装紧急集合根据当时部队所处战备等级状态确定。此时，人员的负重量、携行的装备和器材均按战备方案和上级的规定执行。轻装紧急集合是在执行临时性紧急任务时所采取的一种方式。着装时，为减轻军人的负荷量，通常不背背包（或携带单兵生活携行具），以提高部队的快速机动能力。紧急集合的程序可分为四步：着装、整理携行生活器材、装具携带和集合。

（一）着装

紧急集合时的着装通常为作训服。昼间进行紧急集合时，一般按当时的训练着装进行。如果上级重新规定着装，军人应立即换装。夜间实施紧急集合时，军人应迅速起床，按照帽子（冬季戴皮帽、棉帽时，换装后再戴）、上衣、裤子、袜子、鞋子（双层床上层的军人打完背包再穿鞋子）的顺序进行穿戴。

（二）整理携行生活器材

没有装备生活携行具时，应打背包。背包的宽度为30~35厘米，竖捆两道，横压三道。米袋捆于背包上端或两侧；雨衣、大衣通常捆于背包上端，大衣袖子捆于背包两侧；鞋子横插在背包背面中央或竖插两侧；锹（镐）竖插在背包背面中央，头朝上。

装备有生活携行具时，应按以下顺序进行：迅速结合背架；按规定将规定物品分别装入主囊、侧囊和睡袋携行袋；组合背架和军需装备携行具；其他兵种专业可根据本兵种专业的特点另行规定。

（三）装具携带

装具分为全副武装和轻装。学生军训时主要携带的装具和方法为：背挎包，右肩左胁；扎腰带；背水壶，右肩左胁；背背包。

（四）集合

着装完毕后，军人应迅速跑步到班集合地点，向班长报告。全班到齐后，班长要整队，然后带领全班迅速赶到排集合场，并向排长报告。紧急集合时要做到迅速、肃静、确实、完整、安全、便于行动。在平时按规定放置武器、弹药、装具和衣物，并牢记地点位置，才能在紧急集合时迅速有序拿取和穿着，行动迅捷而不慌乱。

实训项目

紧急集合训练。

第三节　行军拉练

行军是部队沿指定路线进行的有组织的移动。按方式，分为徒步行军、摩托化行军和履带行军；按时速和每日行程，分为常行军和急行军。常行军是按照正常的每日行程和时速实施的行军，每日行程通常为30~40千米，平均时速为4~

5千米；强行军是加快行军速度和延长行军时间的行军。

一、行军拉练基本要领、方法

（一）徒步行军

徒步行军是以步行方式实施的行军，是部队机动的基本手段。通常在行军距离较近、输送工具不足或没有输送工具，以及地形不便于实施摩托化行军时采用。徒步行军的特点是目标小，易指挥，组织简便，利于隐蔽，受地形影响小，但速度慢，体力消耗大。徒步行军主要用于游击作战、山地行军、秘密行军，往往指挥员电台保持静默，只接收上级指示。除非情况紧急，否则不与上级电台沟通。

1. 行军准备

徒步行军对军人的意志和体能是一个考验。无论是何种天候、地形，只要作战需要，均可实施徒步行军。因此，行军前应做好充分的思想准备工作，明确徒步行军的目的和意义，克服畏难情绪，以饱满的精神状态主动接受考验。

物资器材准备主要包括武器、弹药、装具、给养、饮水和药品等，应根据行程、道路和天候而定，以既能保证战斗、生活，又不过多增加负荷量为原则。通常携行粮食3日份（其中熟食1日份）和必要的饮水，并准备好必备药品，根据季节变换做好防寒、防雨雪、防蚊虫的准备。做到着装确实，出发前扎紧腰带、弹袋，扣紧裤脚，系紧鞋带；穿大衣或雨衣时，将衣襟下角扎于腰带上；携行的武器、装具、器材要做好充分的检查、清点工作，装具、器材固定紧。

2. 行军

行军分为常行军和急行军。常行军是按正常行走速度实施的行军，乡村道路行军速度每小时4~5千米，山地道路行军速度每小时3~4千米。急行军时，乡村道路行军速度每小时可达8~10千米。

分队徒步行军时，通常在上级的行军序列内成一路或二路纵队，沿道路的右侧或两侧行进，前后距离一般为1米左右。行军途中，应注意随时观察道路及周围情况，确保行军安全；及时调整呼吸和体力，保持行军队形，匀速前进；行军队形由二路纵队变一路纵队时,应跟紧先头人员加速前进,以防后面拥挤;由一路纵队变二路纵队或通过艰险地段时,应适当加大步幅跟上距离,不宜跑步追赶,以免增加疲劳。发现脚底起泡、身体不适或体力不支时,应及时报告,视情况服用药物、挑破水泡,或在他人的帮助下继续前进;发现走错路时,应首先确定站立点,尔后选近路插向原定路线,如无把握应原路返回,选准方向再继续前进。行军中要严守纪律和行动秘密,开展团结互助。

3. 休息

休息分为小休息和大休息。

首次小休息通常在行军30分钟后进行,时间为15~20分钟,尔后约每行军1小时休息一次,每次10分钟。小休息时,应靠道路右侧(必要时也可在道路两侧),面向路外侧,保持原来队形,并整理鞋袜和装具,做好继续行军的准备。

大休息通常在日行程过半时实施,休息时应离开道路,进入指定地区休息,时间约2小时。大休息可以就餐,补充饮水,治疗脚伤,但注意武器、装具始终不能离身。

小休息时,冬季不要随地坐、卧,以免着凉或冻伤。大休息时,既要吃饱、吃好,又要遵守时间,保证休息,以便恢复体力,继续行军。

4. 注意事项

在徒步行军过程中,应掌握正确的行军要领,坚决服从指挥,灵活处置各种情况,确保按时迅速地到达目的地。

(1)徒步行军应按照全副武装和轻装的规定携行有关装具。出发前,要认真验枪,枪内不准装填子弹;严禁摆弄武器和随意动用他人武器;严禁枪口对人。

(2)行军前,应检查所带装具是否齐全,佩带是否牢固,尤其要仔细检查鞋袜是否合适,以避免行军中脚起泡。行军过程中,应均匀呼吸,全脚掌着地,调整好步幅,保持正常的行军速度。行军掉队时,应大步跟上,尽量不要跑动,以节省体力;体力好的士兵要主动帮助体力差的同志,搞好体力互助。小休息时,应就地休息,及时调整体力,不要随便走动,并按要求处理脚上起的血泡。

雷雨时，不要站在突出的高处，不要在大树、电线杆和高压线下避雨或逗留。行军中要注意紧跟队形，不要掉队，要发扬不怕苦、不怕累的精神，坚决走到目的地。

（3）行军中，要保持通信联络。

（4）遇敌空中火力袭击时，应就近利用地形进行防护；接到敌核、化学武器袭击警报时，应迅速穿戴防毒面具和防护衣罩，就地隐蔽防护。警报解除后，应迅速抢救伤员，检查武器装备，恢复行军序列。

（5）当道路、桥梁遭敌破坏或者遇到难以通行的地段时，应按命令绕行，无法绕行时，应及时向上级报告。如果是在夜间、山地、水网稻田地、沙漠、雪地等特殊环境和地形条件下徒步行军时，要根据特殊环境和地形的特点及当时的具体情况，按照命令进行必要的物资器材准备。

（二）摩托化行军

摩托化行军是现代条件下部队实施机动的主要方式。摩托化行军的主要特点是机动能力强，通行能力弱，容易被发现，遇到空袭或者突然袭击时不能立即反击，通常是在长距离对敌作战地域进行运动时采用的。应在指挥员的组织指挥下，主动配合，确保正规、有序地乘坐，安全、顺利地完成乘车机动任务。

1. 乘车准备

乘坐车辆虽然不复杂，但却容易发生磕、碰、扭伤、摔伤等事故。因此，乘车前应进行安全教育，从思想上重视，自觉落实乘车规定，克服麻痹思想，消除事故隐患，确保乘车机动安全。

物资器材准备主要包括武器、弹药、装具、给养、饮水和药品等，以及给养物资的携行量和保障方法。

2. 登车

指挥员将所属人员带到车尾排成一路或二路纵队，并在车尾左后侧 3~5 米处，以便观察人员登车情况和驾驶员动作的位置，实施指挥。指挥员首先协同驾驶员打开车厢挡板，尔后下达"登车"的口令，指挥所属人员依次登车。当所属人员全部登车完毕，指挥员协同驾驶员关闭车厢挡板，固定牢靠后登车。

通常从车厢尾部，按照先物资、器材、武器，后人员（后下者先上，先下者后上）的顺序统一装载登车。登车时，应按口令依次从后车厢上车；第一名人员上车时，后一名应给予帮助，前一名上车后，转身拉后一名上车，依次交替进行。登车时，要携带好武器，不要碰撞。轻武器、装具、背包以及单兵携行器材由个人携带；不准提前上车；在没有得到允许的情况下，不准从车厢两侧登车。

3. 乘车

上车后，按照先两边后中间、先车头后车尾的顺序排成四路，坐在背包上；两侧人员背靠车厢板，中间两路人员背靠背。也可先上车的将背包放在指定位置，尔后站好，等其他人员全部上车后，听口令坐下。

战斗装具应随身配带，枪口向上，两腿夹枪，靠于右肩。枪手、炮手，分别靠前、左、右车厢板，面向里坐在背包上；重机枪、高射机枪，将枪身（架）放置于车厢中部，弹药箱由弹药手负责携带，放于背包之间；榴弹发射器、反坦克火箭（无后坐力炮）、迫击炮放于车厢中部。长途行军且敌情顾虑小的情况下，也可将炮口向下竖立固定在车厢板上，但要便于卸载。每车的观察、安全及信号员通常位于车厢后部便于观察、联络的位置。

4. 下车

下车时，通常按照登车时的相反顺序进行。车停稳后，指挥员先行下车，与驾驶员协同打开车厢挡板，然后站到指挥位置（同上车时的位置），下达"下车"的口令。听到口令，人员先起立，背背包，做好下车准备。待车厢挡板打开后，按口令或信号从车厢尾部成两路依次下车，到指定地点集合。没有命令不准从两侧下车。下车时，要适当降低重心，选择比较平坦的地面跳下。时间允许时，也可扶车厢板下车。最后两名人员下车后，合力关闭车厢挡板。

5. 注意事项

登车、下车时，应服从指挥，依次上车、下车，防止发生扭伤、碰伤、摔伤等事故。运行中，应坐稳、扶牢，禁止嬉笑打闹、左右或前后拥撞，禁止将头、臂、腿等伸出车外。

在登车、乘车与下车过程中，应保管好随身携带的武器、装具和器材，防止磕、碰、摔、丢失和枪走火。

小休息时，应下车排大、小便，整理好物资器材，做好继续行进的准备。

遭敌空袭时，应迅速下车，就近疏散隐蔽；通过敌炮火封锁区时，应带好钢盔；遭敌核、化学武器袭击时，应迅速穿戴防护器材，下车就近隐蔽防护。

（三）履带行军

履带行军的主要特点是机动能力强，通行性能好，能随时做好作战准备。履带行军往往直接让作战人员到达作战区域进行作战，主要由机械化的装甲单位进行，主要是组织各种装甲履带车辆进行运动。

二、行军组织准备

（一）研究情况，拟出行军计划

指挥员在了解任务的基础上，应召集有关人员研究敌情、行军道路及其两侧的地形、本分队的任务，确定分队的行军序列，组织观察、警戒。

（二）做好思想动员

行军前，指挥员应根据本分队所担负的任务，结合分队的思想情况，进行深入的思想动员，保障分队顺利完成任务。

（三）下达行军命令

下达行军命令时应传达下列情况：敌情；本分队的任务，行军路线、里程，出发及到达指定地区的时间以及大休息的地点；分队集合地点，行军序列，乘车时还应区分车辆；着装规定；完成行军准备的时限，明确起床、开饭、集合的时间；行军口令及对口令传递的要求。

（四）组织战斗保障

组织战斗保障主要包括：指定1或2名战士为观察员，负责观察地面和天空；指定值班分队及火器，负责对空防御；规定遭敌核、化学、生物武器袭击时，各分队的行动方法；规定在敌航空兵或炮火袭击时的行军方法；规定伪装方法及伪装纪律。

（五）做好物资、装具准备

为了顺利完成行军任务，保持分队战斗力，行军前指挥员应做到：检查携带的给养、饮水、武器、弹药等情况；检查着装情况，如鞋的整理、背包的捆绑、装具的携带等；妥善安置伤病员；根据季节，进行防暑、防冻的教育和物品的准备。

三、徒步行军实践

行军中，指挥员通常在本分队先头行进，以掌握行进方向、路线和速度，随时了解敌情、沿途地形和道路情况，及时组织分队积极克服各种困难，沿上级指定路线迅速隐蔽地前进，按时到达宿营（集结）地。

（一）准时集合出发，维护行军秩序

集合场地应选择便于进入行军道路的位置，集合时检查分队人员的武器装备、车辆、着装等情况，行军时应维护行军秩序，听从调整人员指挥，未经上级允许不得超越前面的分队。给执行特殊任务的车辆和分队让路。行军中严格纪律，保守行动机密，搞好宣传鼓动，开展团结互助。

（二）掌握行军路线和速度

指挥员根据情况利用地图按方位角行进，也可按行军路线图，依据识别路标、信号等方法掌握行军路线。行军速度应根据敌情任务、时间、行军能力、道路状况、天候而定。队形间距，徒步行军通常连与连之间为100米左右，乘车通常连与连之间为200～300米，车距为50米左右。开始行军应稍慢，尔后按正常速度行进。通过特别地形时应控制速度和间隔，经过渡口、桥梁、隘路等难以通行的地点时指挥分队有组织地通过，防止拥挤；通过后，前部应适当减速，后部应大步快速跟上，不宜跑步。

（三）组织休息

行军中，在上级编成内行军的大、小休息和远程连续行军的休息时间，通常由上级统一掌握；单独行军时，由本级指挥员掌握。小休息时应靠路边，面向路外侧，保持原队形，督促战士整理鞋袜和装具，明确上厕所的范围。大休息通常

在完成当日行程一半以上进行。应离开道路，进入指定的地区，休息时间为 2 小时左右。应明确出发时间，派出警戒，必要时值班分队占领有利地形，迅速组织做饭、吃饭、补充饮水，妥善安排伤病员，督促分队抓紧时间休息。夜间休息时，人员不能随便离队，武器不能离身。休息完毕要清点人数，检查武器、弹药、装具、器材和其他物资，严防丢失，按时进入行军序列。

（四）情况处置

指挥员应注意观察，及时发现各种情况，灵活、果断处理，并及时报告上级。受到核、化学武器袭击时，应迅速做好防护准备。遭敌空袭时，应就地疏散隐蔽或利用地形加速前进。通过敌炮火、航空兵封锁地段时，应力求绕过或增大间距快速通过。对有敌情顾虑的地段应派出班组进行搜索。接到上级改变行军路线的命令时，应立即停止前进，研究、查明新的行军路线后组织分队沿新的路线前进。

实施行军时应考虑到人员和技术兵器能否在各种环境中长时间内承受一定的负担。任何行军，特别是徒步行军，要求全体人员具有很强的体力。在严寒条件下行军，应准备好防冻的被服、装具和药品。在炎热的条件下行军，应准备好防暑、防毒虫等药品，多带饮用水，并可在饮用水中适当放盐。

（五）严格遵守行军纪律

徒步行军由二路纵队变一路纵队时，应指挥先头分队加速前进，以防后面人员拥挤；由一路纵队变二路纵队或通过难行地段时，先头分队应放慢速度，以防后面人员跑步追赶，增加疲劳。行军中要严守纪律和行动秘密，搞好宣传活动，开展团结互助。

四、宿营

宿营是指军队在行军、输送或战斗后的住宿。其目的是使部队得到休息和整顿，以便继续行军或做好战斗准备。现代高技术局部战争条件下，无论采取何种宿营方式，都应制订侦察、防空和防核、化学、生物、燃烧武器袭击的措施，做好抗袭击准备，保障部队安全休息。

（一）选择宿营地域

分队宿营地域通常由上级确定；单独宿营时，自行选定。自行选择时，应根据敌情、地形、任务和行军编成而定。宿营地的选择通常应符合下列条件：要有适当的地幅和充足的水源；要有较好的进出道路，便于车辆、人员机动；避开城镇、集市、车站、渡口、大的桥梁等明显目标；避开洪水道、油库、高压电源和严重污染区、传染病流行区。夏季要尽量选在比较干燥、地势较高、通风良好、蚊虫较少的地方；冬季应选在避风向阳口、土质较黏便于搭设简易遮棚或挖掘的地方。选择宿营地域时，应按照小集中、大间隔的要求，选择那些有良好地形、便于疏散配置、有进出道路、便于机动和调整队形、有充足水源和较好的卫生条件的地区，同时应注意避开有毒植物、洪水道、低凹地和易崩塌的危险地点。具体来讲，就是要近水、背风、远崖、背阴、防雷击等。

（二）确定宿营部署

宿营部署是部（分）队宿营时对兵力所作的区分和配置。分队的宿营部署，通常根据敌情、地形、宿营时间、宿营方式等因素在行军命令中确定，也可临时确定。当敌情威胁较小或集结地域有良好的地形时可采取集团部署，适当缩小宿营地域内各分队之间的间隔距离，以便于指挥和管理。当敌情威胁较大时应尽量采取分散部署。在住宿区要选定便于集中的地点作为紧急集合场，在便于疏散且靠近道路和住宿的地点选择紧急疏散场。

（三）组织宿营

分队到达宿营地域时，应当在设营人员引导下，按宿营部署隐蔽进入指定的地域组织宿营。

1. 组织警戒

进入宿营地后，应迅速指定对空观察哨和值班火器（或分队），根据情况向有敌情顾虑的方向派出排哨、班哨、步哨、游动哨和潜伏哨。派出警戒哨的数量和距离应根据敌情、地形和分队展开所需时间而定。分队在上级编成内宿营时，通常只派出直接警戒哨。在任何情况下，宿营地域内都应派出警戒哨，严防敌人突然袭击和破坏。摩托化行军宿营时，应加强对车辆的警戒。

2. 呈报宿营报告

分队进入宿营地后,应迅速搜集行车和宿营情况,及时向上级报告。报告的方式有文字、口述等。营、连通常向上级呈送宿营报告(附宿营部署图),也可口述报告;排通常向连口述报告。报告的主要内容是:当日出发时间、经过地点、行程,到达时间和地点,人数及伤病情况;宿营部署;武器弹药、装备器材、给养和车辆损耗情况;人员思想情况;存在的问题和请示事项。

3. 组织休息,搞好管理

部署完毕后,各分队应迅速进入各自宿营地,做好以下各项工作:卸载、卸装,选定架设帐篷的具体位置;架设帐篷,伪装宿营地域;寻找水源,明确饮水和用水的方法,并注意警戒水源;做饭、吃饭;检查、维修、保养车辆,加油加水;擦拭武器,整理装具,补充弹药,准备器材;安排好伤病员,穿刺脚泡,烤晒衣服;检查督促分队尽快休息,加强查铺查哨;离开宿营地域后,要尽量消除宿营痕迹。

4. 宿营中各种情况的处置

在宿营中,指挥员要善于预见可能遇到的各种情况,发现情况灵活指挥,果断处置。遭敌空中或地面火力袭击时,应立即发出警报,组织指挥分队迅速进入指定疏散地域隐蔽;遭小股敌人袭击时,应当以值班分队或就近分队,迅速围歼或驱逐;发现敌向我宿营地附近空降时,应立即报告上级,并指挥分队迅速抢占敌空降地区要点,根据上级指示,在友邻和民兵的协同下,歼敌于立足未稳之际或掩护主力迅速撤离宿营地区;接到敌核、化学、生物武器袭击的警报时,应迅速进入疏散区,利用地形和工事进行隐蔽,利用制式或就便器材进行防护。

实训项目

徒步行军训练。

第四节 野外生存

野外生存即人在食宿无着的野外复杂的环境中求生。野外生存的技能主要包

第四章　战备基础与应用训练

括判定方位及在复杂地形上的行进、寻找水源与改善水质、野外觅食、野外取火、露营、野炊、防治伤病等，概括地说就是解决人在野外食宿无着的情况下的吃、住、行和自救等问题。

一、判定方位及在复杂地形上的行进

（一）判定方位

判定方位，就是辨明东、西、南、北方向，明确站立点与周围地形的关系位置。它是实施正确指挥和采取正确行动的基础。

1. 利用指北针判定

指北针（又名指南针），是由我国古代发明的"司南"逐渐改进而成的。指北针携带方便，操作简单，能迅速、准确地判定方位，是现地判定方位的基本工具。

判定方位时，将指北针平放，待磁针静止后，磁针涂有夜光剂的一端（或黑色尖端）所指的方向，就是现地的磁北方向。

使用指北针以前，应检查磁针是否灵敏。其方法是，用一钢铁物体扰动磁针，若磁针迅速摆动后仍停在原处，则说明磁针灵敏，可以使用；若各次磁针静止后所指分划值不一致，且相差较大，则该指北针不能用，应进行检修和充磁。

使用指北针时，应避开高压线和钢铁物体。在磁铁矿或磁力异常地区不能使用。

2. 利用北极星和南十字星座判定

1）利用北极星判定

北极星是正北天空一颗较明亮的恒星。在晴朗的夜间找到了北极星，就找到了正北方向。北极星是小熊星座的α星，距北天极约1度，肉眼看来，北极星就在正北方。大熊星座（主要是北斗七星）和仙后星座位于北极星的两侧，遥遥相对（其关系位置如图4-1所示）。我国位于北半球，晴朗的夜间都可看到北极星，根据北斗七星或仙后星座就能很容易地找到北极星。

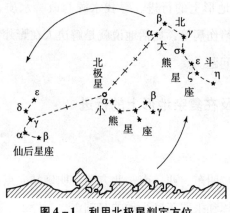

图 4-1 利用北极星判定方位

大熊星座主要亮星有七颗，在北天空排列成斗形，又像一把有柄的勺子，我国俗称北斗，是北半球夜间判定方位的主要依据。大熊星座 α、β（即北斗斗魁末端的北斗一、二）两星，叫指极星，将两星的连线沿 β 星至 α 星的方向延长，约在两星间隔的 5 倍处，有一颗较明亮的星，就是北极星。

小熊星座最靠近北天极，也由七颗主要的星排列成斗（或勺）形，与北斗很相似。但除北极星外均较暗淡，俗称小北斗，斗柄末端较明亮的 α 星，就是北极星。

仙后星座主要亮星有五颗，形状像字母"W"，从中央的 γ 星算起，在缺口方向，约 ε 星至 β 星宽度的两倍处，就可找到北极星。

2）利用南十字星座判定

南十字星座在南天极附近，由四颗明亮的星组成，形状像"十"字，是南半球夜间判定方位的主要依据。北纬 23 度以南地区，上半年可利用南十字星座判定方位。南十字星座 α、β 两星是南天著名的一等亮星，γ 是二等亮星，将 γ 与 α 两星的连线沿 γ 至 α 方向延长，约在两星间隔的 4.5 倍处，就是南天极，即正南方（如图 4-2 所示）。

3. 利用太阳判定

自古以来，我国就有个习惯的说法："日出于东而落于西。"其实，在一年中，太阳真正从正东方升起、从正西方落下的，只有春分（公历 3 月 21 日）和秋分（公历 9 月 23 日）两天，其他时间都不是从正东方升起、从正

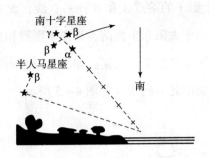

图 4-2　利用南十字星座判定方位

西方落下的。大体上说，春天和秋天太阳出于东方，落于西方；夏天太阳出于东北方，落于西北方；冬天太阳出于东南方，落于西南方。根据太阳出没的位置，就能大概判定方位。

1）利用太阳和时表判定

一般说来，太阳在当地时间 6 时左右在东方，12 时在正南方，18 时左右在西方。根据这一规律，便可将太阳和时表结合起来判定大概方位。判定时，先将时表平放，以表盘中心和时针所指时数（每日以 24 小时计算）折半位置的延长线对向太阳，此时，由表中心通过"12"的方向就是北方。为便于判定，可在时数折半的位置竖一细针或细草棍，转动时表，使针影或棍影通过表盘中心，这时表盘中心与"12"的延长线方向即为北方。

判定时，应以当地时间为准。我国大部分地区使用北京时间，即东经 120 度的时间（东八时区）。由于经度不同，在同一北京标准时间内，各地所见太阳的位置也不同。因此，在远离东经 120 度的地区判定方位时，应将北京时间换算为当地时间。以东经 120 度为准，每向东 15 度，其当地时间应是将北京标准时间加上 1 小时；每向西 15 度就减去 1 小时。

在北回归线（即北纬 23 度 26 分）以南地区，夏季中午时间太阳偏于天顶以北，不宜采用上述方法。

2）利用太阳阴影判定

选择一平整的地面，在地面立一根细直的长杆，在太阳的照射下就会出现一个影子 OA，并将该影子标在地面上；等待片刻（10~20 分钟），再标出影子的新位置 OB，然后过两个影子的端点 A 和 B 连一直线，此直线就是概略的东西方向线。如何判定东西？由于太阳东出西落，其影子则沿相反方向移动，所以第一个影子就是西，第二个影子必是东。根据已知的东西方向线，在其上任选一点作垂线，这条垂线就大体是南北方向线（如图 4-3 所示）。

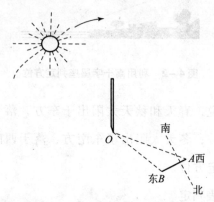

图 4-3 利用太阳阴影判定方位

4. 利用自然特征判定

有些地物、地貌受阳光、气候等自然条件的影响，形成了某种特征，可以利用这些特征来大概判定方位。

1）独立大树

独立大树通常是南面枝叶茂密，树皮较光滑；北面枝叶较稀少，树皮粗糙，有的还长有青苔。砍伐后，树上的年轮，北面间隔小，南面间隔大（如图 4-4 所示）。

图 4-4 树桩的年轮

2）突出地面的物体

突出地面的物体，如土堆、土堤、田埂、独立岩石和建筑物等，南面干燥，青草茂密，冬季积雪融化较快；北面潮湿，易生青苔，冬季积雪融化较慢。土坑、沟渠和林中空地则相反。

3）其他

我国大部分地区，尤其是北方，庙宇、宝塔的正门多朝南方；农村住房的正门一般也朝南开。

我国幅员广大，土地辽阔，各地都有不同的特征，只要留心观察，注意调查、收集和研究，就会找到判定方位的自然特征。如内蒙古高原，冬季大多是西北风，山的西北坡积雪较少，东南坡积雪较多，蒙古包的门一般朝东南；树干多数略向东南倾斜；新月形沙丘，朝东南方向伸展，坡度缓的一端朝西北，坡度陡的一端朝东南。

判定方位后，必要时可在北方的远处，选一明显目标作为方位物，以使记忆清晰和作为指示。

（二）复杂地形上的行进

在山地行进，为避免迷失方位，节省体力，提高行进速度，应遵循有道路不穿林翻山、有大路不走小路、走高不走低的原则，力求走梁不走沟，走纵不走横。如果没有道路，可选择在纵向的山梁、山脊、山腰、河流、小溪边缘，以及树高林稀、空隙大、草丛低疏之处行进。行进时注意观察，防止跌伤；通过险坡时，通常走"之"字形路线；通过山麓碎石区时，重心移动前应确定落脚是否坚实。

在热带丛林地中行进，由于藤蔓竹草交织，需经常使用砍刀开路行进。此外，为防止蚊虫、扁虱、蚂蟥、毒蛇的叮咬，应穿靴子，并要扎紧裤腿、袖口和领口，最好将裤腿塞进靴子，有条件的还应戴手套。在鞋面上涂驱避剂和肥皂，可防止蚂蟥上爬。为防止毒蛇的袭击，行进中可用木棍"打草惊蛇"，同时，亦应注意树上有无毒蛇。在丛林中行进时，可踩着大型野兽踩出的路走，这样可避免误入毒虫区或陷入沼泽，但要注意，在兽径上经常有猎人设置的陷阱，如捕兽的铁夹子或吊索。如遇到成群的毒蜂，最好的办法就是快跑，因为人比毒蜂跑得快。实在不行，应就地蹲下，用雨衣遮住皮肤暴露部位；附近有水时，潜入水中最为保险，潜游至毒蜂看不到的地面再逃脱。

遇到沼泽地，最好避开，如果沼泽无法绕行，应手持一根杖，探寻坚实的地面或泥水较浅的地点通过。草原中的沼泽地最容易陷落的地方往往生有鲜绿色的杂草；森林中的沼泽地容易陷落的地方枯树较多，而且树木稀疏。

攀登冰川和雪坡要特别谨慎,应数人结组行动,彼此用绳子连接,相邻两人之间的距离保持 10~12 米。在前面开路的人,要经常探测虚实,后面的人一定要踩着前面人的脚印走。通过裂隙上的冰桥或雪桥时,要匍匐前进。

在沙漠与戈壁地行进时,除正确判定方位外,还要注意三个相互依存的因素:周围的温度、活动量及饮用水的贮存量。在阳光直接照射下,人所消耗的水一般要比在阴影下多 3 倍。在沙漠戈壁地区行进,夜行晓宿可降低水的消耗量。

河流是山区和平原地区常遇的障碍。山区河流通常水流湍急,水温低,河床坎坷不平。涉渡时,应当用一根竿子支撑在水的上游方向,或者手执重 15~20 千克的石头,垂手将石头从水下搬运过去。涉渡森林、草原地区的河流,应预先探明河底性质,是否多淤泥,不要贸然涉渡。遇到较大的河流,可就地取材制作浮渡工具。有条件时可用 2 根圆木和 2 根木杆制作单兵木筏,用铁丝或绳索捆扎,圆木横放,木杆竖放,中间吊一木杆当座位。

二、寻找水源与改善水质

水是人体最基本的需求,离开他人就无法生存。因此,觅水训练是野外生存训练的重要内容之一。

(一)寻找水源

寻找水源通常采取观察地形、草木生长位置和动物活动范围的方法来判定。一般来说地势低的地方,找到水的可能性大。在许多干旱的沙漠、戈壁地区,生长着怪柳、铃铛刺等灌木丛的地表下 6~7 米深有地下水;有胡杨生长的地方,地下水位距离地表 5~10 米;芨芨草指示地下水位只有 2 米左右;生长茂盛的芦苇,地下水只有 1 米左右;如果发现金戴戴、马兰花等植物,便可判定下挖 1 米左右就能找到地下水。在南方,叶茂的竹丛不仅生长在河流岸边,也常生长在与地下河有关的岩溶大裂隙、落水洞口的地方。我们还可从特殊植物的生长地点来判定地下水的水质,如见到马兰花、拂子茅等植物群,就可断定那里不太深的地方有淡水。另外,在地下水埋藏浅的地方,泥土潮湿,蚂蚁、蜗牛、螃蟹等喜欢在此做窝聚居;冬天青蛙、蛇类动物喜欢在此冬眠;

夏天的傍晚，因其潮湿凉爽，蚊虫通常在此呈柱状盘旋飞绕。

（二）鉴别水质

由于水在自然界广泛分布和流动，特别是地面水流经地域很广，一般情况下难以保证水源不受污染。在野外没有检验设备时，可以根据水的色、味、温度、水迹大概鉴别水质。一是通过水的颜色鉴别。纯净的水在水层浅时无色透明，深时呈浅蓝色。可以用玻璃杯或白瓷碗盛水观察，通常水越清水质越好，水越浑则所含杂质越多。二是通过水的味道鉴别。一般清洁的水是无味的，而被污染的水带有一些异味。如含硫化氢的水有臭鸡蛋味，含盐的水则有咸味，含铁较高的水有金属锈味，含硫酸镁的水有苦味，含有机物质的水有腐、臭、霉、腥、药味。三是通过水温鉴别。地面水（江河、湖泊）的水温因气温变化而变化，浅层地下水受气温影响较小，深层地下水水温低而恒定。如果水温突然升高，多是有机物污染所致；工业废水污染水源后也会使水温升高。四是通过水点斑迹鉴别。用一张白纸，将水滴在上面，晾干后观察水迹，清洁的水是无斑迹的，有斑迹则说明水中杂质多，水质差。

（三）改善水质

人饮用的水必须经过消毒和洁治。水的消毒主要是为了杀灭有害人体的致病微生物，主要方法有两种：一是物理法，主要是将水煮沸消毒，这是一种容易、简单而且比较可靠的消毒方法；二是化学法，利用化学药品氯、碘、高锰酸钾、漂白粉、明矾等对水进行消毒。洁治水常用的方法有沉淀、过滤、混凝等三种。在野外，因条件限制，也可用一些含有黏液质的野生植物净化浑浊的饮用水。植物净水，虽然絮状物沉淀时能除去部分细菌和微生物，但是没有消毒作用，因此，饮用水最好再加少许漂白粉或煮沸消毒。

在无水源的情况下，也可利用简便方法获取少量的水。如用一个塑料袋套在树枝上将袋口固定，每天取水量可达 1 升左右；还可用塑料布收集露水等。另外，山野中有许多植物可用以解渴，如北方的黑桦、白桦的树汁，山葡萄的嫩条，酸浆子的根茎；南方的芭蕉茎、扁担藤等。

三、野外觅食

可在野生寻觅的食物种类主要有野生植物、动物等。大部分野生植物、动物可食用，只有少量有毒不可食用。野外生存获取食物的途径主要有两种：一种是采集野生植物；另一种是猎捕野生动物。

（一）采集野生植物

可食用的野生植物可分为野果类、野菜类、蘑菇类、海藻类。鉴别植物是否有毒的一个简单方法是将采集到的植物割开一个口子，放进一小撮盐，仔细观察这个口子是否变颜色，通常口子变色的植物不能食用。

常见的可食用野果有山葡萄、笃斯越橘、余甘子、山荆子、稠李、黑瞎子果、沙棘、火棘、桃金娘、山桃、胡颓子、小果蔷薇、乌饭树、野栗子、椰子、木瓜、山樱桃、山柿子、猕猴桃、酸藤果、茅莓、棠梨及各种坚果等。夏秋两季这些野果都可生食充饥。一般情况下，老鼠、松鼠、兔子、猴子等动物吃过的野果对人体也是无害的，但是鸟类可食用的植物人不一定能食用。

常见的可食用野菜有苦菜、蒲公英、蕺菜、马齿苋、刺儿菜、荠菜、野苋菜、扫帚菜、猪芽草、菱、藕、芦苇、青苔等。野菜的加工方法很重要，加工的目的主要在于去毒去味。无毒并美味的野菜，如苦菜、蒲公英、小根蒜等可生食；对于一些有苦涩味并可能有轻微毒性的野菜，如败酱、胭脂麻、水芹、珍珠菜、龙芽草、水杨梅等可煮浸；无毒或无不良苦味的野菜，如刺儿菜、荠菜、野苋菜、扫帚菜、扁蓄、鸭跖草等，将嫩茎叶择洗干净，切碎后即可炒食或蒸食。

通常可食用的蘑菇有香菇、草菇、口蘑、猴头菇、鸡苁、竹荪等。采食蘑菇要特别注意识别毒蘑。毒蘑多有各种色泽，而且美丽，无毒蘑则多呈白色或茶褐色；菌盖上有肉瘤，菌柄上有菌环和菌托的有毒，反之则无毒；毒蘑多生长在肮脏潮湿、有机质丰富的地方，无毒蘑则多生于较干净的地方；毒蘑采集后易变色，无毒蘑则不易变色；毒蘑大都柔软多汁，无毒蘑则较致密脆弱。蘑菇一般的吃法是炒食或煮汤。

海岸和岛屿生长着许多海藻，绿藻、红藻、褐藻一般可食用，常见的可食海藻有角叉菜、鸡冠菜、刺海松、紫菜、裙带菜、海紫面、鹅掌菜。海藻类可用类似处理野菜的方法进行加工处理后食用。

此外，树皮也可应急食用，柳树、松树、白杨树新生的树皮或内皮（硬树皮与树木之间的软皮）都可食用。

（二）猎捕野生动物

1. 捕兽

传统的捕兽方法有压猎、套猎和使用捕兽卡、竹筒。

压猎是较为原始的狩猎方法，可以捕捉各种小毛皮兽。用一块石板或木板，或者冻土板、冰板，用木棍（或绳子）支（或吊）起来，板下可加压重物，板上放置诱饵，当动物取食时，即可被捕获；在森林中，还可用粗圆木（树干）做成压杠支设在地上进行狩猎。

套猎是用各种绳索、钢丝制作套子猎捕动物的方法。一般用来捕捉野兔、旱獭、野鸭等小型动物。采用套猎方法，首先要做好捕捉用的套子。套子的大小、距地面的高低，由所猎动物的大小决定。套子的一端拴在小树上。套子一般布设在疏林和林中空地或动物通道中间，不要偏斜和歪曲。若无铁丝，也可用结实的细麻绳做套子。其次要掌握被猎动物的活动规律。如野鸭多成对活动，性机警，听觉、视觉敏锐，在100~200米稍有惊扰即会迅速起飞；活动时间从破晓到黄昏约12个小时，早晚活动频繁，中午多在湖边或湖中的草墩休息。

捕兽卡主要用于捕猎小动物，如田鼠、旱獭、黄鼬等。捕兽卡用一根细钢丝弯曲而成，两端有向外弯曲的尖，中间有供设置用的细铁丝小圈。设置时，将钢丝两臂压紧，两臂上的铁丝小圈重叠，用大头针通过后面小圈穿入重叠小圈即可。钢丝尖端设置诱饵，当动物取食时，铁丝圈即从大头针脱落，钢丝弹向两侧，因钢丝尖端支撑动物嘴部而捕获。

竹筒主要用以猎捕黄鼬等小动物。选择内径为6~7厘米、长65厘米左右的一节竹筒插入地中，竹筒上口与地面持平，竹筒里面必须光滑，将诱饵投入筒底（北方冬季可在地上打上斜洞，洞壁上用水浇上薄冰），当动物进入筒中取食时，就无法再退出来。

此外，冬季山林地捕捉野兔最容易，深雪时，辨识出新鲜足迹，徒手就可捉到；在海岛礁岩边，可在夜晚抓海鸟，因为鸟类在夜里是不会动的。

2. 捕蛇

捕蛇首先要掌握蛇的活动规律，在不同季节采用不同的方法。冬季，蛇类蛰伏在草丛、林木、石缝间，或活动于田埂、沟边；夏秋两季，便四处觅食。通常，蛙类活动的地方，便是蛇类出没的地方，如水田沟边、草丛地等。到晚秋，蛇准备入洞过冬，因而蛇类较集中，也易于捕捉。各种蛇的食性不同，活动地点也不同。

木叉法用于捕捉较大的蛇，其方法是用树枝做一木叉，木叉柄的长度必须以捕蛇者俯身后两手能够抓到蛇颈部为准，叉口的大小以能叉紧蛇的颈部为宜。捕捉时，先叉住蛇的颈部，然后立即俯身用胸部抵住木叉柄，再用一只手抓住蛇的颈部，另一只手握住蛇的后部，即可将其捉住。

泥压法用于捕捉在地面或石头上活动的一些不大的蛇，可拿一大块黏泥，用力向蛇摔去，把蛇黏压在地上或石头上，使蛇一时不能逃走，然后迅速动手捕捉。

直接用手捕捉，最好先捉住蛇尾，将其提离地面，然后迅速捏住蛇的颈部，但不要太用力，特别是较大的蛇，这样可减少蛇的反抗挣扎；若是毒蛇，可紧握蛇尾，用力甩几圈，以防蛇头弯过来咬人。在树林或竹林中捕蛇时，要戴上帽盔，以防树上的毒蛇袭击。

3. 捕鱼

捕鱼应有鱼钩、钓线、钩坠、浮子等，鱼钩可用鱼骨或小硬木刺来制作；钓线用韧性较强的蔓草制作，先将蔓草晾干，再用石块捶击使其柔软，捻成强韧的钓线，长度最好在2～3米；可用子弹壳或小石子等重物代替钩坠（安放在距离鱼钩10～15厘米处）；鸭、鹅等禽鸟的羽毛管、松树和杨树的树皮以及玉米秆都可做成浮子；钓竿则可用竹竿或树木的枝条代替。鱼饵通常用蚯蚓或各种昆虫。另外，还可用刺刀、削尖的鱼骨绑在木根、竹竿上面，做成一柄"鱼叉"，用来叉大鱼。

4. 捕食昆虫

目前可食用的昆虫有蜗牛、蚯蚓、蚂蚁、蝉、蟑螂、蟋蟀、蝴蝶、飞蛾、蝗虫、蚱蜢、湖绳、蜘蛛、螳螂、师蛄等。花蜘蛛放在火上烧烤，然后将皮和腿搓去，即可食用；蝉、田鳖用油炸可食用。在食用昆虫时一定要煮熟或烤透，以免昆虫体内的寄生虫进入人体，导致中毒或生病。

5. 捕获物的食用

捕获物处理基本步骤是：先去皮去内脏再肢解，然后用火烧烤、泥包裹烧烤或炙热的石头烧烤等方法烧烤猎物，在烤的过程中加盐，烤熟后可食用。如果没有盐，在海边可用罐头盒煮点海水，然后放在纸上，使苦味散去，即可得食盐。如果没有条件生火，也可生食肉、鱼、贝类，其方法是：将鱼从背部剖开，剔去骨头，切成细丝，加入佐料食用。

四、野外取火

煮烤食物需要火，宿营取暖需要火，发求救信号也需要火。因而，野外生存的能力，从某种程度上说，取决于取火的能力。特殊条件下取火的方法有以下几种。

1. 枪弹取火法

取一枚子弹，将弹丸拔出，倒出三分之二的发射药，撒在干燥易燃的枯草或纸上，把弹壳空出的地方塞上纸和干草，然后推弹壳入膛，用枪口贴近撒了发射药的引火物射击，引火物即可燃烧。

2. 透镜取火法

用放大镜，如果没有放大镜可用望远镜或瞄准镜、照相机上的凸透镜代替，冬季可用透明的冰块磨制，透过阳光聚集照射易燃的引火物（腐木、布中抽出的线、撕成薄片的干树皮、干木屑等）取火。利用放大镜取火最为迅速的是照射汽油、酒精和枪弹的发射药或导火索，可在1~2秒内点燃引火物。

3. 发电机、电池取火法

用手摇发电机、电台照明用的一号"甲电"，将正负两极接在削了木皮的铅笔芯的两端，顷刻间，铅笔芯就会烧得通红。用手电筒内的电池和电珠也可做成引火工具：用电珠在细石上小心磨破，注意不能伤及钨丝，然后把火药填入电珠内，通电后即能引火。

4. 击石取火法

取一块坚硬的石头（黄铁矿石最好）做"火石"，用小刀的背或小片钢铁向下敲击"火石"，使火花落到引火物上燃烧。

5. 钻木取火法

用强韧的树枝或竹片绑上鞋带、绳子或皮带做成一个弓子，在弓子上缠一根干燥的木棍，用它在一小块硬木上迅速旋转，最后钻出黑粉末，这些黑粉末冒烟而生出火花点燃引火物。或用一根干的树干，一头劈开，并将裂缝撑开，塞上引火物，用一根藤条穿在引火物后面，迅速抽动藤条，使之摩擦发热而引燃引火物。还可用两块软质的木头或竹片，用力相互摩擦，下面垫以棕榈或易燃烧物也可引燃取火。

五、露营

野外露营的方式包括利用制式器材露营和利用就便器材露营。利用制式器材露营，通常是指利用帐篷、装配工事等制式器材进行的露营；利用就便器材露营，通常是指利用车辆、篷布雨衣、草木等进行的露营。

1. 利用帐篷露营

露营时按帐篷架设、撤收方法和要求实施。寒区冬季使用帐篷露营时可在植桩后泼水使之冻结，帐篷的下端要以重物压牢，防止漏风。

2. 利用装配工事露营

指挥机关可利用装配掩蔽部露营。高炮部（分）队可将火炮和装配工事用牵引车篷布苫盖连接在炮位上露营。

3. 利用车辆露营

部（分）队可利用装备的车辆进行夏季野外露营，冬季野外车辆露营时，可在火炮牵引车和运输车上辅以防寒材料，放置取暖设备，以取得较好的防寒效果。

4. 构筑猫耳洞（掩体）露营

冬（旱）季可在便于隐蔽、伪装、土质较好的地形上或利用堑壕、交通壕挖地下猫耳洞露营。挖掘时开口应尽量利用沟、壕的切面，也可直接在地面开口。一般以班为单位构筑，每个班挖2~3个洞为宜，洞内呈方形，顶部铲成拱形。若土质松软或黏结性差，洞内可挖成"人"字形、"丁"字形、"工"字形、"十"字形等以减少顶部单位面积的承受力。构筑猫耳洞露营时应特别注意防塌方和潮湿。

5. 构筑雪洞或雪屋露营

冬季在冲沟、雨裂、凹地、山谷等积雪深的地方宜构筑雪洞。当积雪在1~4米时，可直接开口构筑，洞口大小以一人能进出为宜。开口后可拐1~2个直角弯，使通道尽量成"Z"形并修成向上倾斜的斜坡状。雪洞要比通道高一些，洞顶铲成拱形并留出气孔。

当积雪较少时，可构筑雪屋，一般数人一屋。积雪板结时，直接切成长方形雪砖，尔后按需要堆砌；雪质松软时，可把雪装入木柜里踩实，加工成雪坯。堆砌中应在雪块间隙敷设浮雪，逐层收顶。洞口可根据风向开成"门"形，顶部为拱形、"人"字形或圆锥形。视情况也可用雪堆作围墙，在3~4个角打上木柱，顶部用雨衣、褥子或软草覆盖。雪屋构筑好后，要在屋底部铺10厘米以上的干草，再铺上雨衣、褥子，用装有软草的麻袋或草捆堵在洞（屋）口，防止冷气侵入。

6. 搭设树枝（草）棚露营

夏季有树林、蒿草、高棵农作物的地方，应充分利用自然条件，搭设各种树枝（草）棚。如利用木杆为支架搭设屋脊形草棚；利用断崖、断面，用木杆搭设斜坡形草棚；利用蒿草、树枝搭设偏厦等。在冬季，棚围应用雨衣、篷布、柴草等围盖，棚顶和周围空隙用草堵实，再加盖一层积雪或草皮，以便保暖和伪装。

7. 搭设简易帐篷露营

夏季，使用简易帐篷在野外露营。简易帐篷样式较多，可用雨衣、塑料薄膜、盖布搭设成屋脊形、一面坡形、长方形、拱形等。简易帐篷的大小和形状可根据装备、就便器材数量和露营人数灵活确定。（如图4-5所示为屋脊形帐篷，如图4-6所示为一面坡形帐篷。）

图4-5　屋脊形帐篷　　　　　　　图4-6　一面坡形帐篷

8. 利用吊床露营

夏季可将雨衣、床单和毡布、伪装网等用绳系住两头，并系在树干上，人员即可躺在上面休息。还可在上面架设蚊帐，防蚊虫叮咬；下雨时可在上面再拉一根绳子，搭上方块雨布，四角用绳子系牢，形成防水帐篷。

六、野炊

可食用的野生动物一般应去掉内脏，食用其肉。可食用的根茎类野生植物，应食用根部和嫩茎叶、树的内皮及嫩软的树尖；野菜类野生植物应食用其嫩苗、嫩茎叶；野果类野生植物应采果食用。食用各种野生食物一般应利用炊具进行煮炒。在没有制式炊具可供使用的情况下，作战人员应利用就便器材和材料热熟食物。

（一）脸盆、铁盒、钢盔的利用

在野外可用石头做架，或者用铁丝吊挂脸盆、铁盒、钢盔等物，用火加热，烹煮食物、烧开水等。

（二）铁丝、木棍的利用

可将可食用的动物和根茎类植物块根穿插缠裹在铁丝或木棍上，放在火焰上或炭火中烤（烧）熟。鱼（不去鳞片）和块根食物应用泥土包裹烤熟后剥皮食用。贝壳类动物可放在火堆下烤熟食用：先在地上挖个浅坑，坑的四周衬以树叶或湿布，然后将食物放入坑内，再在食物上盖树叶或布，上面再压一层3厘米厚的沙子，最后在坑上面生起火堆，待食物烤熟后取出食用。

（三）石板或石块的利用

用火将石板烧烫以后，将食物切成薄片放在上面烙熟。石煮，就是先在地上挖个坑，将若干拳头大小的石块放在火中烧热，用棍拨到一个40厘米深的土坑内铺一层，石块上铺一层大树叶，放食物，上面再铺一层树叶，将剩下的热石块铺在树叶上，然后再铺上厚厚的树叶压住，靠热石块散发的热气将食物烤熟，三四个小时后即可取食。

（四）黄泥的利用

用和好的黄泥在地上擀成一个3厘米厚的泥饼，上面铺一层树叶，将野鸡、野兔或鱼等除去内脏，不脱毛不褪鳞，放在泥饼上，用泥饼将食物包裹成团，放在火中烧2个小时即可食用。食用时兽毛或鱼鳞沾在泥块上随之脱离。

（五）竹节的利用

选粗壮的竹子砍倒，每2~3节竹筒砍成一段，将竹节的一端打通，将米和水灌入竹节里，米约占三分之二，然后将竹节放在火中烘烤约40分钟，即可做成熟饭。

七、野外常见伤病的防治

（一）蚊虫叮咬的防治

森林、草原、河谷、荒漠等偏僻地区常有一些自然疫源性疾病，主要是由昆虫传播给人类的。为了防止蚊、蜱、恙虫、牛虻等昆虫的叮咬，人员应穿长袖和长裤，扎紧袖口、领口，皮肤暴露部位涂擦防蚊药；不要在潮湿的树和草地上坐卧；宿营时，烧点艾叶、柏树、野菊花等驱赶昆虫。如果被昆虫叮咬，可用氨水、肥皂水、盐水、小苏打水、氧化锌软膏涂抹患处止痒消毒。如果被蚂蟥叮咬，不要硬拔，可用手拍打或用肥皂液、盐水、烟油、酒精滴在其吸盘处，或用燃烧着的香烟烫，让其自行脱落，然后压迫伤口止血，并用碘酒涂抹伤口，以防感染。

（二）蛇伤的处置

一旦被蛇咬伤，首先应分清是无毒蛇还是有毒蛇，如是无毒蛇咬伤（一般在15分钟没有什么反应），可按一般外伤处理。若无法判断，则应按毒蛇咬伤处理。被毒蛇咬伤后，切不要惊慌失措和奔跑，而应使伤口部位尽量放到最低位置，保持局部相对固定，以减缓蛇毒在人体内的扩散和吸收；应立即用柔软的绳子、布条或者就近拾取适用的植物茎、叶，在伤口上方 2~10 厘米处结扎，松紧程度以能阻断淋巴和静脉血的回流而又不影响动脉血流通为宜。结扎的动作要迅速，最好在受伤后 3~5 分钟内完成，以后每隔 15~20 分钟放松，以免被扎肢体因血流受阻而坏死；结扎后可用清水、冷开水加盐或肥皂水冲洗伤口，以洗去周围黏附的毒液，减少吸收；经过清洗处理后，再用锐利的小刀挑破伤口，或挑破两个毒牙痕间的皮肤，同时可在伤口周围的皮肤上，用小刀开米粒大小破口数处，这样可使毒液外流，并防止伤口闭塞，但不要刺得太深，以免伤及血管。咬伤的四肢肿胀严重时，可用刀刺八邪穴或八风穴进行挤压排毒；还可直接用嘴吸吮伤口排毒，边吸边吐，每次都要用清水漱口，若口腔内有龋齿等情况就不能用口吸，以免中毒。在施用有效的蛇药 30 分钟之后，可去掉结扎。如无蛇药片可就地采用几种清热解毒的草药，如半边莲、芙蓉叶以及马齿苋、鸭跖草、鱼腥草等，将其洗涤后加少许食盐捣烂外敷，敷时不可封住伤口，以免妨碍毒液流出，并要保持药料新鲜，以防感染。

（三）中毒的救治

中毒的症状通常是恶心、呕吐、腹泻、胃疼、心脏衰弱等。人员中毒时，首先要洗胃，快速喝大量的水，用手指触咽部引起呕吐，然后吃蓖麻油等泻药清肠，再吃活性炭等解毒药及其他镇静药，多喝水，以加速排泄。为保证心脏正常跳动，应喝些糖水、浓茶，暖脚并立即送医院救治。

（四）中暑的救治

中暑前，人会感到口渴头晕，浑身无力，眼前发黑，此时应立即在阴凉通风处平躺，解开衣裤，使全身放松，再服十滴水、人丹等药。对中暑严重者，应设法降温，可把病人浸泡（除头部外）在冷水中，并按摩躯干和四肢，或用冰袋敷头部、颈部两侧、双侧腋下、腹股沟和膝弯等处，给病人注射冬眠灵等降温药物。如病人昏迷，可针刺人中、涌泉等穴位使其苏醒。

（五）冻伤的救治

寒冬时节，如发现手、脚、脸已有冻伤，不要用热水浸泡和火烤。局部冻伤时可涂抹冻伤膏或用辣椒、艾蒿、茄秆加水煮沸，温时浸泡，每次10分钟，每日1~2次。如有水泡，消毒后刺破，然后进行包扎。如严重冻伤，要使伤员迅速脱离寒冷环境（如果下肢冻伤要禁止走路），用温水快速融化复温，这是当前治疗冻伤最有效的方法；如无温浴条件，可将伤员安置在室内，室温调至25~30摄氏度，脱去湿冷服装，盖好被子，胸部和腋下放上热水袋，随时观察体温，待伤员意识清醒后，饮一些热茶或热糖水，尔后及时送卫生部门救治。

实训项目

1. 利用自然特征判定方位训练。
2. 搭设简易帐篷训练。

第五节　电磁频谱监测

电磁频谱，是指按电磁波波长（或频率）连续排列的电磁波族。在军事上，电磁频谱既是传递信息的一种载体，又是侦察敌情的重要手段，因此成为交战双方争夺的制高点。电磁频谱管控是无线电通信的基础，是电子系统发挥最大效能的关键，是信息畅通的重要保证。当今世界处在信息大爆炸的时代，电磁频谱管控则是信息高速公路上的"交通警察"。随着频谱在各个领域的广泛应用，频谱的管控已越来越引起世界各国的高度重视。它正在从传统的保障"配角",变成现代信息化作战的"主角",并已从战争舞台的后台大步走向前台。这里主要介绍无线电测向。

一、无线电测向的概念

无线电测向是人们根据无线电波在均匀介质(如空气)中沿直线传播的特点,利用特制无线电接收设备(测向机或测向仪)测定远方隐蔽电台(无线电发射机或信号源)的方向、距离、坐标和具体位置的一项先进的科学技术,也是现代物理学的一个专业学科。地面无线电测向、雷达探测、卫星定位都属于无线电测向的技术领域。无线电测向也是现代信息战的重要组成部分。

20世纪初,无线电测向开始应用于航海。大海中的轮船根据收测到的无线电波确定轮船自身在大海中精确的位置,决定正确的航线和SOS紧急救援。从古代的冷兵器战争到后来的火兵器战争,战争形态发展到现代的立体化战争时,无线电测向被成功应用于现代的军事信息战。许多国家的军队中都设有专门的无线电测向部队。德国在第二次世界大战中研制成功小型测向仪,并装上飞机,利用伦敦广播电台的广播做目标导航,完成了对伦敦的轰炸。第二次世界大战末期,美国也开始组织一个大范围的无线电测向网,监测德军的潜艇,指引反潜机对其轰炸,取得了较大的战果。无线电测向部队不但在作战上可完成对敌方单兵、间谍、小股部队的歼灭,还可以根据无线电测向确定的敌方重大目标,完成对敌方的战略打击。例如,对敌方太空间谍卫星测定予以捕获或者摧毁,就等于挖掉了敌方的眼睛;提前测定敌方军事指挥中心、重要军事基地、核目标予以斩首打击,就会使己方掌握战略主动权。因此无线电测向在军事上有非常重要的地位。

二、无线电测向的基本原理

无线电测向机或无线电测向仪基本由测向天线、无线电信号放大器和指示器三部分组成。我国80米波段无线电测向机采用了两种天线,一种是磁性天线(如图4-7、图4-8所示),另一种是直立拉杆天线(如图4-9所示)。

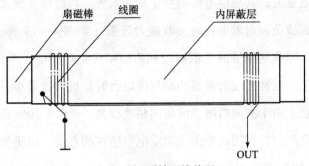

图4-7 磁性天线外形

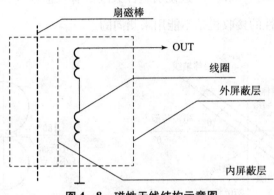

图4-8 磁性天线结构示意图

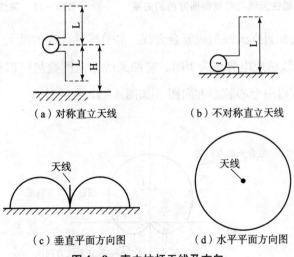

(a) 对称直立天线　　(b) 不对称直立天线

(c) 垂直平面方向图　　(d) 水平平面方向图

图4-9 直立拉杆天线及方向

磁性天线具有很强的聚集磁力线的物理能力,通过绕在磁棒上的线圈感应出电信号,经过放大器和耳机听到电台发射来的电波声音信号。但是磁性天线对来自不同方向的电磁波,其感应电势的变化却非常大。当磁性天线水平放置,磁性天线的垂直正面或负面对着电台时接收能力最强(如图 4-10 所示),测向机发出的声音最响,即收到信号的正值幅度和负值幅度是相同的,叫作两个大音面,但是相位则相反。磁性天线的轴线两端对准电台时耳机声音最小,甚至完全没有声音,叫作哑点。由于测向时哑点的指向精度很高,通常采用哑点的指向判方向线,这就是哑点测向。利用磁性天线确定电台所在的直线,可见磁性天线转动一周得到了一个"8"字形方向图(如图 4-11 所示),但是不能确定电台在直线的哪一边,这叫作测"双向"。这说明磁性天线具有双值性(两个大音面和两个哑点),仅有双值性的接收机是不能用来测向的。

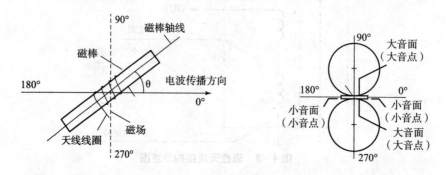

图 4-10 磁性天线与电波传播方向的关系　　图 4-11 磁性天线方向图

当磁性天线和直立天线组成复合天线,并且磁性天线的最大方向感应电势为正值 1、直立天线感应电势也为 1 时,将两天线方向图叠加可以得到一个复合天线合成电势,获得一个心脏型方向图(如图 4-12 所示)。

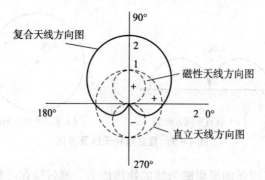

图 4-12 复合天线心脏方向图

这时，磁性天线一边的两电势极性相同，振幅则为两电势之和，理论上音量是原来的 2 倍。而磁性天线另一面的电势是负值，与直立天线的电势极性相反，两个电势相互抵消，理论上音量输出为 0。结论是磁性天线转动一周只有一个方向信号最强，克服了磁性天线的双值性，获得了单值性的单方向性能。我们把信号强的这个面叫作单向大音面，简称大音面。应用大音面就可以确定电台在直线哪一边，这叫作定边。不过在测向中，大音面角度范很宽，方向指示不明显，只作为单向识别用。因此确定电台的单向后，必须去掉直立天线电势（松开单向开关按钮），再用磁性天线的哑点来测定隐信电台的方向线。

无线电波在空间传播的能量是有限的，传播距离越远，扩散面积越大，损耗也越大，信号强度也越弱。无线电测向机对于电磁波的接收能力同样有局限性。距离电台越近收到的无线电信号越强，离电台越远接收到的无线电信号越弱。距离远近与反映在测向机耳机中的声音大小有很重要的关系。

学习和掌握无线电测向原理不但可以测出准确的电台方向线，还可以判断电台的距离和具体坐标位置，完成无线电测向的考核任务。

三、80 米波段无线电测向设备的操作和使用方法

无线电测向是一项技术性较强的活动，对器材的熟练操作在训练和考核中具有至关重要的地位

（一）80 米波段无线电测向机

用于体育比赛中的 80 米波段无线电测向机品种，主要有简易直放式 P-80 和改进型 PJ80-A；超外差式长方块型的 RF80-E 和立式的 RF80-C、RF80-G，手枪型的 RF80-F 和频率合成数字显示的 RF80-H 等。但目前具有代表性、适合军训的机型是 RF80-C，该无线电测向机体积很小，重量不足 200 克。RF80-H 测向仪性能最好，但是价格昂贵。

（二）RF80-C 型 80 米波段无线电测向机

RF80-C 经国内和美国、俄罗斯、德国、保加利亚、蒙古等无线电测向技术发达国前国内外大型比赛测试应用，在灵敏度、方向性、选择性、单向大音面、

增益制、坚固性、音质、外观、手感、体积重量等各方面指标都超过了老牌的环形天线测向机,性能卓著,得到了多方的肯定和赞扬。

1. RF80 - C 型测向机主要技术指标

(1) 频率范围不窄于 3.500 MHz,天线回路和高放级采用双调谐回路进行参差调谐,高放增益均匀;频率范围内无辐射。

(2) 灵敏度不劣于 1 μV;使用 TX80 - D 短距离信号源,收测距离不小于 4 千米;标准距离大于 6 千米;频段内无辐射:有衰减开关,动态范围非常宽广。

(3) 信噪比大于 3。

(4) 中频频率 455 kHz。

(5) 方向性:磁性天线为 5×12×100 毫米扁形磁棒,线圈为双段对称绕制,采用大面积内屏蔽层和紧贴型外屏蔽,指向精确度高;直立天线为直径 6 毫米、6 节、长 51 厘米的不锈钢拉杆天线;距离信号源天线 0.3 米能明显、准确分辨双向,单向可听辨距离小于 2 米。

(6) 电源电压:7.4 V,使用 2 节 14500 型 83.7 V 可充锂电池,一次充电可连续工作大于 10 小时;可反复拆卸充电,能量大,节能环保。

(7) 整机耗电:静态小于或等于 20 mA,动态大于或等于 65 mA。

(8) 输出功率:负载阻抗为 8 Ω,最大输出功率大于或等于 150 mW,音质清晰,优美洪亮。

2. RF80 - C 型测向机使用方法和注意事项

(1) 本机电池仓在测向机的下部,打开后盖装上 2 节 14500 型 3.7 V 可充锂电池。严禁使用其他类型的电池,以确保测向机的正常工作。

(2) 打开电源开关红色指示灯亮,测向机即可正常工作。由于 3.5 MHz 无线电测向信号源发射的是垂直极化波,手持测向机时,必须使测向机的直立天线与地面保持垂直,同时磁性天线与地面保持水平,才能测出准确的方向线。

(3) RF80 - C 型测向机的侧面板上有两个旋钮,上边的是频率旋钮,用于收测隐蔽电台信号。下面的是音量旋钮,用于调节音量和控制测向机的增益。

(4) 本机的单、双向开关设在测向机的右侧面上方。测单向时按下红色按钮开关即可；测双向时则必须松开红色按钮。

（5）本机衰减开关为二档，设在测向机左侧面上方，由食指操作。开关置于下边"远"位置时，测向机灵敏度最高；开关打向上边"近"位置时，衰减很重，在近台区使用。学员可根据感知和需要，合理操作衰减开关和音量旋钮的位置，用来大致判断测向机与隐蔽电台之间的距离。

（6）本机型灵敏度、动态范围非常强大，经测定，在近台区最高声响可达119 分贝。请务必以适当音量进行测向，以免损伤听觉。

（三）80 米波段无线电测向信号源（隐蔽电台）

80 米波段无线电测向信号源有短距离、快速测向和标准距离三种型号，学生训练采用单频道 TX80 – D 和全 11 频道 TX80 – B 型连续发信信号源。

全频道 80 米波段信号源 TX80 – B 有 11 个电台频道和相应呼号。内置 3 块钾电池做电源，面板上设有充电插座，功能齐全、工作可靠、操作简便。该机附有照明电路，有利于在夜间和光线弱的环境下，保证将机器调谐在最佳工作状态。信号源附件配有 3 米软天线和全自动充电器，性能优良，使用方便，适合学生考核。

1. 使用方法

（1）本机使用应首先按规则要求架设好天线，并将天线插头与信号源插座牢固连接。

（2）使用前务必充足电能，充电器为全自动型，红灯亮时表示电已充满。充足电后，信号源可连续工作 12 小时以上。

（3）台号设置

首先，将表头下边的开关扳向右侧 M 位，两个台号开关都拨至 M 位，发信标台信号。

然后，将表头下边的开关扳向左侧，并将右边的台号开关拨至 M 位，由左侧拨动开关选择 1 ~ 5 号台。

接着，将表头下边的开关扳向左侧，并将左边的台号开关拨至 M 位，由右侧拨动开关选择 6 ~ 0 号台。

最后，按下电源开关按钮和调谐按钮，旋转"调谐"旋钮、使"调谐调示"的表头指针指示在相对最大处，然后将调谐按钮按起，信号源调谐完毕，即可进入正常自动发报工作状态。

2. 注意事项

天线电路处于谐振状态（调谐指示最大处），对于保证输出功率，减小电池耗电是非常重要的。因此要特别注意以下几点。

（1）开机后应尽快调谐，减少信号源在失谐状态下工作的时间。严禁用失谐方法减小发射功率。

（2）调谐时人体不要接触机壳、天线、面板等部位，若人手离开机器时调谐指示变小，需要重新调谐，确保天线处于谐振状态。

（3）信号源应在实际隐蔽工作状态下调谐，当信号源位置变动或天线移动时应重新调谐。

调谐指示仅表示相对发射信号值，不表示输出功率。开设电台时要先架设好天线，牢固插接好天线插口方可打开电源开关；撤收电台时要先关闭电源再收天线。

四、电磁频谱监测方法训练

（一）熟悉和掌握测向机

（1）了解测向机的各相关组成部分，具体如下。

定向天线：磁性天线和直立天线。

信号放大器：区别直放式、超外差式和频率合成数字显示式。

指示器：耳机、仪表、指示灯、振动等。

（2）熟悉测向机的开关旋钮及它们的位置、功能、作用和配合使用。

（二）正确操持测向机

无线电测向训练和考核中，正确持机很重要。学员一般右手持机，手臂自然弯曲45度~60度角，使测向机处在胸部正前方。测向机的磁性天线必须与地面平行，直立天线必须与地面垂直，这样才能正确测向。测双向时要用一定速度轻微晃动手腕，而不要过于缓慢地转动手臂，因为人的听觉对变化快的声音反应灵敏，对变化缓慢的声音反而不够灵敏。轻微晃动手腕使测向机的音量有一个快速变化的范围，才能够迅速捕捉到哑点的指向，测出准确的电台方向线。

测单向时，测向机要在准确的方向线上用已知的大音面比较前后方的音量变化。这个动作是要180度地翻转手腕，而不能前后转动整个身体。音量增大的那一面就是电台的单一正确方向。音变小，甚至听起来很轻微的另一面就不是电台的所在方向，是应当舍去的方向。确定电台的单向后，必须去掉直立天线的电势（松开单向开关按钮），再次测"双向"，用磁性天线的哑点来测定隐蔽电台的方向线。为了测线及找准线上的参照物，应将测向机音量适当调小，并将持机臂伸直，使测向机抬高至与眼平，用眼睛去瞄准磁棒的端点。当听到声音最小时，磁棒轴线所指方向，就是电台的准确方向线。

（三）收测电台信号

由于隐蔽电台工作在不同的频率上，调收电台信号的速度就成了重要的一环。

1. 识别电台呼号训练

目的：建立收测信号必须首先分辨台号的概念。

方法：教员掌握可拍发1~5号电台呼号的信号源，学员准备好测向机、笔、纸，教员口令调收信号，分辨出电台台号后记录下来。每个台号的拍发时间可由15秒逐步减至3秒。此训练可在室内进行。

2. 调收电台信号训练

目的：提高收听电台信号的质量和速度。

方法：教员操纵TX80-B型多频道工作的信号源。按事先计划的开机顺序轮换发信，学员记录收听的台号。每台工作时间由15秒减至5秒。开启3部不同台号的电台同时发信，学员自选顺序收听。总发信时间由40秒减至10秒。

以上训练，可逐步采用缩短天线长度或加大收发距离的方法，使信号由强变弱，最后由教员宣布结果，进行评分或学员自己核对打分。

（四）收测电台方向线

（1）在空旷平坦的场地上，设发射机一部，连续发信，学员在距电台 50～100 米处，原地闭目转圈后测定方向线，然后睁眼检验。

（2）场地及发射机工作方式同上。学员蒙目测定方向线后，边测边前进，看谁距电台最近。为避免互相碰撞，学员应在不同方向上分批出发，并在电台附近配一工作人员，防止踩踏电台。

（3）学员站在操场中央，周围设 3～5 部不同频率连续发信的隐蔽电台，要求学员在规定时间内，测定各台方向线。

（4）在无干扰的空旷场地一字摆开，同时架设全部 11 部电台，每台间距初级为 10 米台号分布为随机变化。学员在距电台 100 米处收测和标画方向线，依次标出各个台号的方向线。逐步提高难度，将电台的间距缩小为 1 米，提供学员测向的精确度。

（五）战地标画电台方向线

当测向地点固定之后，从该点为原点的正北（磁北）方向起，按时针方向到所测电台方向线的夹角 θ 作示向度。有了示向度就可以在地图坐标纸上标绘出每一个隐感电台的方向线。

如果只测得电台的一个示向度，并将其在地图上的测向点标绘出来，就可以确定电台在此处 2 条以上的示向度 θ_A、θ_B……，将这些方向线标绘在地图上，其交点就是隐藏电台的位置。

标绘电台方向线得出交点是无线电测向定位的基本方法和技术手段。在军事上有非常重要的实用价值，也是无线电测向的基本技术。

（六）方向跟踪

方向跟踪是沿着测向机所指示的电台方向，边跑边测，直接接近或迂回接近并找到电台的方法。这是最基本、最简单、最实用的方法。

视学员水平选一林区训练，设 3 部连发隐蔽电台。学员在距电台 100～150 米处单个出发，有效时间为 3 分钟。找到电台后迅速返回，找不完也应在规定时间内返回，以免影响下一学员出发。

可按此方法逐步提高地形和障碍物的难度，并把距离延长，平均每分钟必须完成找到一个隐蔽电台。

此外，为提高训练效率，可在出发点四周设 5 部或更多的隐蔽电台，仍要求每名学员在规定时间内追踪信号找台，返回起点再安排下一轮找台。完成和没有完找台任务的要分别举手区别。

（七）交叉定点

交叉定点是指在不同的测向点测出两条或两条以上的方向线，依靠方向线的交点，确定电台位置的方法。

选矮树林一片，内设隐蔽电台一部，利用林边道路进行交叉定点，交叉方向线的角度要大于 30 度、小于 90 度。

确定电台位置后，放下测向机，根据方向线交叉确定的电台区域，徒手找出隐蔽电台，反复练习进行验证。在此要特别强调的是，发射天线的架设一定要与地面垂直，否则会给测出的方向线带来误差。

（八）体会音量变化

为培养学员的距离感，可设一连续发信电台，学员从几十米外按所测方向接近电台，再跑过电台十余米，体会音量旋钮应放的位置和音量变化与距离电台远近的关系，特别是电台附近的音量情况。逐渐把电台的距离加大到 1 千米，乃至测向机能收测的最远距离，直至学员能够判断隐蔽电台的大概距离。

第六节　识图用图

军事地形学是从军事需要出发，研究识别和利用地形的一门应用学科。它以各类地形及其军事价值为研究对象，揭示地形对作战行动的制约、影响规律，探求研究地形的理论、方法和手段。正确认识地形对作战行动的影响，掌握地形图的基本知识，懂得利用地形之利并避其所害，对有效达成作战目的具有十分重要的意义。

一、地形对作战的影响

不同的地形有着不同的特点，不同的地形特点对作战行动有着不同的影响，认识并分析地形对作战行动的制约方式与影响规律，是军事上研究和利用地形的前提。

（一）地形的概念及分类

地形是地貌和地物的总称。地貌是指地表面高低起伏的自然状态，如平原、丘陵地、山地等。地物是指分布在地表面上的人工建造或自然形成的固定性物体，如森林、居民地、建筑物、道路、江河等。

不同的地貌与地物的错综结合，形成了各种不同类型的地形。依地貌的形态，可分为平原、丘陵、山地等；依地物的分布和土壤的性质，可分为居民地、水网稻田地、江河与湖泊、山林地、石林地、沙漠与戈壁、草原、沼泽等。而在军事上，通常按地形对通行、观察射击的影响及地面切割程度来进行分类。

（二）地形对作战行动的影响

地形对作战行动的影响是多方面的，不同的地形对作战行动有着不同的影响。

1. 山地地形

山地地形是指地表起伏显著、坡度较陡（大于30度），高差超过200米的地区。由于山地地形起伏大，山高坡陡谷深，因此部队机动受限，坦克和其他战斗车辆只能沿公路和平坦的谷地机动；观察、射击受限，死角较多，易选择制高点。指挥所和观察所，隐蔽伪装条件较好，对核、化学武器袭击有一定的自然防护作用，但谷地、凹地易滞留毒剂；便于构筑坚固的坑道工事，但石质山地不易挖掘；指挥的协同困难，不便于变更部署，部队常被分割在不同方向上独立遂行作战任务。从总体上讲，山地地形一般有利于防守，而不利于进攻。

2. 丘陵地形

丘陵地形是指地表起伏较缓、坡度较小，高差大多在200米以内的地区。丘陵地形山丘起伏、谷地宽阔，便于部队机动，履带式车辆可越野行驶；丘谷交错的起伏形态，制高点较多，利于观察、射击，便于部署兵力和选择炮兵阵地。从总体上讲，丘陵地形既有利于进攻，也有利于防守，适合大兵团作战。

3. 平原地形

平原地形是指高差在 50 米以下、坡度在 30 度以内的宽广低平的地区。平原地区作战，便于机动，便于指挥，尤其是北方平原，更能发挥机械化部队机动作战的优势，展望良好，视界、射界宽广，便于观察射击，能较好地发挥各种火器的效能，但不易选择观察所，很难找到足以瞰制战场的高点，炮兵不易选择良好的遮蔽阵地；平原地区人烟稠密，物产丰富，为军队宿营、后勤补给提供了较好的条件，但对核、化学武器袭击的防护作用差。从总体上讲，平原地形一般有利于进攻，而不利于防守，制空权和装甲优势体现得较为明显。

4. 特殊地形

特殊地形包括城市居民地、海岸与岛屿、高原等。

1）城市居民地

按其大小、作用可分为城市、集镇和村庄。这类地形便于隐蔽、宿营、补给，建筑对常规武器有较好的防护作用，坚固的地下室对原子武器袭击有一定的防护作用，但战斗指挥困难，缺水断电后部队行动将会受到很大影响。集镇、村庄的战术性能比城市差，但居民地外部轮廓的明显拐角和散列式居民地中的独立房屋却具有一定的方位作用。

2）海岸与岛屿

海岸指海洋与陆地相互接触和相互作用的狭长地带。海岸的坡度和类别，海滩的纵深、宽度、坡度和滩质，对海岸防御和登陆作战有着重大影响。岛屿是散布在海洋、江河或湖泊、大型水库中的陆地。岛屿地形在军事上常易守难攻，是控制一定面积水域的立足地，但部队机动和补给受限，易四面受敌，防御时需加强阵地建设。

3）高原

高原是指地势高而地面比较平缓宽广，海拔一般在 500 米以上的地区。高原地区通视广阔，观察良好，但交通不便，部队机动困难，特别是技术兵器使用受到限制；海拔高的高原，因空气稀薄，部队行动时，体力消耗大，运动速度慢，射击误差大，通信、补给困难，同时人员会出现高原反应，易发生疾病，非战斗减员会增多，直接影响部队的战斗力。

二、地形图基本知识

（一）地图的概念和分类

将地面的自然地理要素和社会经济要素，按一定的投影方法和比例关系，用规定的符号、颜色和注记综合绘制的图，称为地图。

依地图所表示的内容，可分为普通地图和专题地图。

按地形图的比例尺地图可分为大比例尺地图、中比例尺地图和小比例尺地图。大比例尺地图是指比例尺大于（含）1:50 000万的地形图；中比例尺地图是指1:100 000和1:250 000比例尺的地形图；小比例尺地图是指1:500 000和1:1 000 000比例尺的地形图。

按用途地图可分为教学图、参考图、政区图、军用图、飞行图、航海图、交通图、游览图等。

（二）地图比例尺

1. 地图比例尺的概念

图上某线段的长与相应实地水平距离之比，叫地图比例尺。即地图比例尺＝图上长/相应实地水平距离。

地图比例尺越大，图上显示的地形就越详细，但同一幅面所包括的实地范围就越小；反之，地图比例尺越小，图上显示的地形就越粗略，但同一幅面所包括的实地范围就越大。

我国的军用系列基本比例尺地形图包括1:10 000、1:25 000、1:50 000、1:100 000、1:250 000、1:500 000、1:1 000 000 共7种。应根据不同的使用目的和要求，选用不同比例尺的地图。不同比例尺的地图，图上长度相当于实地的水平距离也就不一样（如表4-1所示）。

表4-1 图上长度相当于实地的水平距离

地图比例尺	1:25 000	1:50 000	1:100 000	1:250 000	1:500 000
图上长/厘米	1	1	1	1	1
实地水平距离/米	250	500	1 000	2 500	5 000

2. 比例尺的表示形式

地图比例尺通常绘注在图廓的下方,其表示形式有数字式、文字式和图解式。其中数字式是用比例式或分数式表示的,如1:50 000;文字式是用文字叙述的形式予以说明的,如"百万分之一""二万五千分之一"或"图上1厘米相当于实地500米"等;图解式是将图上长与实地长的比例关系用线段、图形表示的。

3. 图上距离的量算

1)用直尺量算

先用直尺从图上量取所求两点间的长度,然后乘以该图比例尺的分母,即得相应的实地水平距离。其换算公式为:实地距离=图上长×比例尺分母。

若已知实地距离,同样可算出图上长。

2)在直线比例尺上比量

用设定的一定比例关系的线段表示图上长的比例尺形式,叫作直线比例尺。以大间隔注记千米数的部分,叫尺身;以小间隔注记米数的部分,称为尺头。

在直线比例尺上比量距离时,先用两脚规(或直尺、纸条等)量出两点间的长度,并保持其张度,再到直线比例尺上比量。比量时,先使两脚规的一脚落在尺身的整千米数分划上,再使另一脚落在尺头上,即可直接读出两点间实地水平距离。(如图4-13所示,甲、乙两点间实地水平距离为1 250米)。

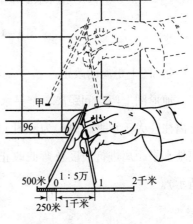

图4-13 用两脚规量读距离

若两点间图上长大于直线比例尺长度,可先在坐标线上比量(1∶25 000 和 1∶50 000图的方格边长为实地1千米,1∶100 000图的方格边长为实地2千米),然后不足方格边长的剩余部分,到直线比例尺上比量。

3)用里程表量读

在地形图上量取弯曲路段或曲线距离时,使用指北针上的里程表比较方便。里程表由表盘、指针及滚轮三部分组成,表盘的外分划图上有1∶100 000、1∶50 000、1∶25 000等比例尺注记和千米数注记,每个数字均表示相应实地水平距离的千米数。

量读时,先使指针归零(即指针对准盘内0处),然后手持里程表,将滚轮放在起点上(使指针按顺时针方向转),沿所量路段或曲线滚至终点,指针在相应比例尺分划图上所指的千米数,即为所量路段或曲线的实地距离(如图4-14所示)。

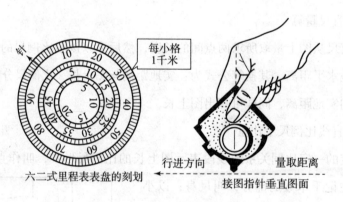

图4-14 用里程表量读距离

4)图上距离的改正

地形图上两点间距离,都是水平距离,而实地总是起伏不平的,因此,实际距离往往大于水平距离。为使图上量算的距离接近于实地实际距离,应对量算的实地水平距离进行坡度及弯曲改正,不同的坡度应有不同的改正率(如表4-2所示)。

表4-2 坡度与弯曲改正率

坡度/度	改正率/%	坡度/度	改正率/%
0~4	3	20~24	40
5~9	10	25~29	50
10~14	20	30~34	65
15~19	30	35~40	85

改正距离的计算公式是：实地实际距离＝水平距离＋水平距离×改正率。

当量取的距离很长时，平均坡度不易求出，所以，在实际应用时，通常根据地形类别采用经验数据（平原地为10%~14%，丘陵地为15%~20%，山地为20%~30%）来进行坡度和弯曲改正，其改正方法与上述方法相同。

（三）地物符号

地物符号是用以表示、判识地面固定性物体的地形符号。

1. 地物符号的分类

1）按符号与实体物体的比例关系分类

（1）依比例尺符号。

依比例尺符号用于表示实际面积大的地物，如大居民地、湖泊、森林等，其外部轮廓是按比例尺缩绘的，面积可以量算，拐弯点位置准确，常用以判定方位、确定位置和指示目标。

（2）半依比例尺符号。

半依比例尺符号用于表示实地的窄长线状地物，如道路、土堤、通信线路等，其长度按比例尺缩绘，宽度作放宽表示，依符号可量算长度和判定可能的最大宽度；其拐弯点、交叉点位置准确，常用以判定方位和确定位置。

（3）不依比例尺符号。

不依比例尺符号用于表示那些依比例尺缩小后，只有位置而不能显示其大小的重要物体，如控制点、独立房屋、古塔、土堆等，它们多具有方位意义，是确定位置、指定目标的良好地物。

2）按符号的图形分类

（1）正形符号。

正形符号的图形与物体垂直投影在地平面上的轮廓相似。主要表示占地面积较大的地物，如街区、河流、湖泊、公路等。

（2）侧形符号。

侧形符号的图形与地物的侧面形状相近。主要表示占地面积较小而高大突出的地物，如亭、水塔、独立树、烟囱等。

（3）象征符号。

象征符号的图形能反映物体性质或含义，具有会形、会意的特点。主要表示独立、性质特殊的地物，如变电所、矿井、气象站等。

（4）说明和配置符号。

说明和配置符号说明符号用来说明地物某种情况，通常与其他符号配合使用，如表示江河流向的箭头等；配置符号用来表示某些地区的植被及土质分布特征，如树林、石块地等。说明和配置符号只表示地物的分布情况，并不表示地物的真实位置和数量。

2. 地物符号的有关规定

1）颜色的规定

为了提高地图表现力，使地图内容层次分明、清晰易读，地物符号采用不同的颜色来区分地物的性质和种类。我军出版的地形图为四色图，地物符号采用黑色、绿色、棕色、蓝色（如表4-3所示）。

表4-3 地物符号颜色的规定

颜色	使用范围
黑色	人工地物和部分自然地物——居民地、独立地物、管线、道路、边界及其名称与数量注记等
绿色	植被要素——森林、果园等的普染；1978年后出版图的植被符号及注记等
棕色	地貌要素——等高线及其高程注记、地貌符号及其比高注记、土质特征、公路普染等
蓝色	水系要素——河岸线、单线河及其注记和普染、雪山冰川等

2）定位点的规定

为确保在图上精确量取点位坐标、方位，对放大表示的不依比例尺符号和半依比例尺符号的定位作了明确规定，即以符号的某一点或线表示实地物体的中心位置（不依比例尺符号定位点如表4－4所示，半依比例尺符号定位点如表4－5所示）。

表4－4　不依比例尺符号定位点

定位点	符号举例		
图形中有一点的在该点上	三角点	亭子	窑
几何图形在图形中心	油库	水车 风车	发电厂
底部宽大的在底部中点	水塔	古塔	纪念碑
底部为直角的在直角顶点	路标	突出树 阔叶树	突出针叶树
组合图形在主体中心	石油井	泉	小面积树林
其他图形在图形中心	桥	矿井	水闸

表4－5　半依比例尺符号定位点

类别	定位线	符号及名称	
对称符号	在中心线上	公路	高出地面的水渠
不对称符号	在底线或缘线上	围墙	城墙

3）注记的规定

地物符号只能表示地物的形状、位置、大小和种类，不能表示其质量、数量和名称，因此，还需用文字和数字予以注记，作为符号的补充和说明，注记有三种形式。

(1) 名称注记。

①居民地名称：城市居民地用"等线体"；乡镇居民地用"中等线体"；农村居民地用"仿宋体"。注记一般用水平字列，必要时可用垂直、雁行字列。

②山和山脉名称：独立高地、山隘等一般用"长中等线体"，并以水平字列注记在山顶的上方；山岭、山脉走向等用"耸肩等线体"，注记在山岭、山脉走向的中心线上。

③水系名称：用蓝色"左斜宋体"，按地物的面积和分布均匀注记。

④地理单元名称：岛屿、草原、沙漠、滩礁、海角等用"宋体"；群岛名称用"扁等线体"，按地形的面积和长度适当注记。

(2) 说明注记。

说明注记用以说明地物的性质和特征。如水的咸、淡，公路路面的质量，徒涉场的底质，塔形建筑物的性质等，均用"细等线体"简注在符号内或一旁。

(3) 数字注记。

数字注记用以说明地物的数量特征。图上注记分为分数式和单个数字两种形式。分数式注记，分子一般表示地物的长度、宽度、高度，分母表示地物的深度、粗度和载重量。单个数字注记，一般表示地物的高度、深度、比高、流速、里程、界碑编号、山隘通行和时节河里有水的月份等。一股用"正等线体"或"斜宋体"，颜色均与相应符号的颜色一致。

（四）地貌判读

1. 地貌的表示

地貌在地形图上主要用等高线表示。

1）等高线显示地貌的原理

等高线是由地面上高程相等的各点连成的闭合曲线。按一定高差间隔描绘地面诸等高线于图上以显示地貌的方法叫等高线法。假定把一座山从底到顶按相等的高度，一层一层地水平切开，这样在山的表面就出现许多大小不同的截口线，再把这些截口线垂直投影到同一平面上，便形成了一圈套一圈的曲线，这些曲线的数目、形态完全与实地地貌的高度（差）和起伏状况相一致。地形图就是根据这个原理显示地貌的（如图 4-15 所示）。

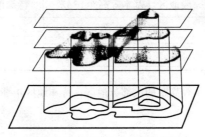

图 4-15　等高线显示地貌原理

2）等高线显示地貌的特点

（1）等高闭合。

在同一条等高线上各点的高程都相等，且每条等高线都是闭合曲线。

（2）多高少低。

在同一幅地图上或同一等高距的条件下，等高线多，山就高；等高线少，山就低。凹地则与此相反。

（3）密陡稀缓。

在同一幅地图上或同一等高距的条件下，等高线间隔密，实地坡度陡；等高线间隔稀，实地坡度缓。

（4）形似实地。

图上等高线的弯曲形状与相应实地地貌形状相似。

3）等高距

相邻两条基本等高线间的实地垂直距离叫等高距。等高距通常视地区的地貌特征、地形图比例尺和用图目的等情况而定。我国对基本比例尺地形图的等高距大小有统一规定（如表 4-6 所示）。

表 4-6　等高距的规定

比例尺	一般地区（基本等高距）/米	特殊地区（选用等高距）/米
1∶10 000	2.5	1 或 5
1∶25 000	5	10
1∶50 000	10	20

续表

比例尺	一般地区（基本等高距）/米	特殊地区（选用等高距）/米
1∶100 000	20 米	40 米
1∶250 000	50 米	100 米

注：一般地区指适用基本等高距的大部分地区；特殊地区指那些不适用基本等高距的地区，并非狭指山区。

4）等高线的种类和作用

（1）首曲线。

首曲线又叫基本等高线，是按规定的等高距由平均海平面起算的等高线，图上0.1毫米粗的细实线表示地貌的基本形态。

（2）计曲线。

计曲线又叫加粗等高线，规定从高程起算面起，每隔四条首曲线（即五倍等高距的首曲线）加粗描绘一条粗实线，线粗0.2毫米，用以数计图上等高线与判读高程。

（3）间曲线。

间曲线又叫半距等高线，是按二分之一等高距描绘的细长虚线，用以表示首曲线仍不能显示的局部地貌形态，如小山顶、阶坡和鞍部等。

（4）助曲线。

助曲线又叫辅助等高线，是按四分之一等高距描绘的细短密线，用以表示间曲线仍不能显示的某段微型地貌。

另外，还有示坡线，它是与等高线垂直的短线，主要用来指示斜坡的方向，绘在曲线的拐弯处，其不与等高线连接的一端指向下坡方向。

2. 地貌识别

地貌的外表形态尽管千差万别，多种多样，但它们都是由山顶、凹地、山背、山谷、鞍部、山脊、山脚和斜面等地貌元素组成的。在地形图上，通过识别这些地貌元素识别地貌的各种形态。

1）山的各部形态

第四章 战备基础与应用训练

（1）山顶。

山顶山体的最高部位叫山顶。表示山顶的等高线是一个小环圈，环圈外通常绘有示坡线，山顶分为尖山顶、圆山顶和平山顶三种。

（2）凹地。

凹地比周围地面凹陷，四周高，中间低，且经常无积水的地域叫凹地。表示凹地的等高线是一个或数个小环圈，并在环圈内侧绘有示坡线。大范围的凹地则称盆地。

（3）山背。

山背从山顶到山脚向外突出的部分叫山背。它的中央凸起的棱线，叫分水线。山背等高线形状向山脚方向凸出，山背分为尖山背、圆山背和平齐山背。

（4）山谷。

山谷相邻两山背或山脊之间的低凹部分叫山谷。它的中央最低点的连线叫合水线。山谷等高线与山背相反，以山顶或鞍部为准，等高线向里凹入，山谷依横断面的形状可分为尖形谷（V）、圆形谷（U）和槽形谷三种。

（5）鞍部。

鞍部相邻两山间形如马鞍状的回部叫鞍部。它由表示山背和山谷的两组对称的等高线显示，表示山背的一对等高线高程相等，表示山谷的一对等高线高程相等。

（6）山脊。

山脊数个山顶、山背、鞍部相连所形成的凸棱部分叫山脊。山脊的最高棱线叫山脊线。

（7）山脚。

山脚即山体最下部位，下接平地或谷地。山脚是等高线由密变疏的明显部位。

2）斜面与防界线

由山顶到山脚的坡面叫斜面。军事上把朝向敌方的斜面称为正斜面，背向敌方的斜面叫反斜面。

斜面上坡度变换的界线，叫防界线。防界线是军事上挖掘堑壕、控制坡面的有利地线。防界线一般位于山顶下方、等高线由稀变密的地方。

3. 地貌判读

1）高程与高差的判定

判定高程时，应依据地形图上的高程注记点和等高线注记。判定高差时，应先分别判明两点的高程，两高程数相减即得高差。

欲判定点在等高线上。该点的高程等于所在等高线的高程。

欲判定点在两等高线间。应先判明上下相邻两条等高线的高程，再按点位所在两条等高线间的比例关系和等高距，估判对于下（或上）方等高线的高差，然后加（或减）到下（或上）方等高线的高程，即为欲判定点的高程。

欲判定点在无高程注记的山顶或凹地。应先判明最邻近的一条等高线的高程，若点位于山顶，应再加半个等高距；若点位于凹地，应再减半个等高距。

欲判定点在鞍部上。可按组成鞍部的一对山谷等高线的高程，再加半个等高距，或以另一对山背等高线的高程，减去半个等高距求得。

2）坡度判定

坡度是地表面相对于水平面的倾斜程度，常以"度"或百分数表示。在图上判定坡度，常用以下两种方法

（1）用坡度尺量。

坡度尺是根据坡度越大（小），则相邻等高线间的水平间隔越小（大）的原理绘制而成的。量取两条等高线间的坡度时，先用两脚规（或纸条等）量取图上两条等高线间的宽度，然后到坡度尺的第一条曲线与底线间的纵方向上比量，找到与其等长的垂直线段，即可在底线上读出相应的坡度。如几条等高线的间隔大致相等，可一次量取 2~6 条等高线的间隔，然后到坡度尺相应几个间隔上比量，从而读出相应坡度（如图 4-16 所示）。

（2）计算法。

在图上欲量取坡度的方向上判出两端点的高差，再量算出它们的水平距离，则坡度值为：倾斜百分比 = 高差/水平距离或 α（坡度）= arctan（高差/水平距离）。

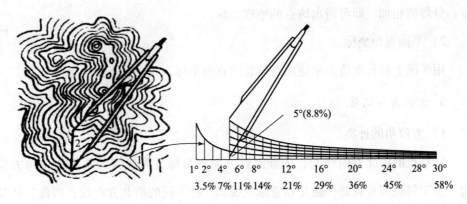

图 4-16 用坡度尺量坡度

4. 坐标

使用坐标便于迅速准确地确定点位,指示目标,实施组织指挥。军事上常用的有地理坐标和平面直角坐标,以下主要介绍地理坐标。

1) 地理坐标

用经纬度数值表示地面某点位置的球面坐标,叫地理坐标。地理坐标通常用度、分、秒表示。在空军、海军和外交事务中,常用地理坐标指示目标位置。

(1) 地图上地理坐标的注记。

地理坐标网由一组经线和纬线构成。地图比例尺不同,表示地理坐标网的形式也略有区别。在 1∶25 000、1∶500 000、1∶1 000 000 地形图上,绘有地理坐标网;纬度数值注记在东、西内外图廓间,经度数值注记在南、北内外图廓间。在 1∶25 000、1∶50 000、1∶100 000 地形图上,只绘平面直角坐标网,不绘地理坐标网。图廓四角注有经纬度数值,内、外图廓间绘有经、纬分度带,分度带的每个分划表示一分,将它们对应相同的分度线连接起来,即可构成地理坐标网。

(2) 地理坐标的应用。

用地理坐标指示目标或确定某点在图上的位置时,一般按先纬度后经度的顺序进行。在图上量取目标的地理坐标的方式为:在 1∶25 000、1∶50 000、1∶100 000 地形图上量取某点的地理坐标,可先在南、北图廓和东、西图廓间的分度带上,找出接近该点的经、纬度分划,并连成经纬线;再量取该点至所连经纬线的垂直距离,并按分度带估计或计算出秒数;然后分别与所连经、纬线的度、分数值相加，即可得出该点的地理坐标。

2）平面直角坐标

用平面上的长度值表示地面点位置的直角坐标，叫平面直角坐标。

5. 方位角与偏角

1）方位角的种类

从某点的指北方向线起，依顺时针方向到目标方向线间的水平夹角叫方位角。由于每点都有真北、磁北和坐标纵线北三种不同的指北方向线，因此，从某点到某一标，就有三种不同的方位角。

（1）真方位角。

某点指向北极的方向线叫真北方向线，即经线，也叫真子午线。从某点的真北方向线起，依顺时针方向到目标方向线间的水平夹角，叫该点的真方位角。通常在精密测量中使用。

（2）磁方位角。

某点指向磁北极的方向线叫磁北方向线，也叫磁子午线。在地形图南、北图廓上的磁南、磁北（即P、P′）两点间的连线，为该图的磁子午线。从某点的磁北方向线起，依顺时针方向到目标方向线间的水平夹角，叫该点的磁方位角。在航空、航海、炮兵射击、军队行进时，都广泛使用。

（3）坐标方位角。

从某点的坐标纵线北起，依顺时针方向到目标方向线间的水平夹角，叫该点的坐标方位角。炮兵一般使用较多，它不仅便于从图上量取，还可换算为磁方位角在现地使用。

2）偏角的种类

由于真子午线、磁子午线、坐标纵线（简称三北方向线）三者方向不一致，所构成的水平夹角，叫偏角。

（1）磁偏角。

某点的磁子午线与真子午线间的夹角，叫磁偏角。磁子午线在真子午线以东的为东偏，在真子午线以西的为西偏。它随时间和地点的不同而变化。

（2）坐标纵线偏角。

某点的坐标纵线与真子午线间的水平夹角，叫坐标纵线偏角，又叫子午线收敛角。坐标纵线在真子午线以东的为东偏，在真子午线以西的为西偏。在同一高斯投影带内，距中央经线和赤道越近，偏角越小，反之偏角越大，但最大的偏角不超过30度。

（3）磁坐偏角。

某点的磁子午线与坐标纵线间的水平夹角，叫磁坐偏角。磁子午线在坐标纵线以东的为东偏，在坐标纵线以西的为西偏。它有时为磁偏角和坐标纵线偏角值之和，有时为两者之差。

为便于计算，上述三种偏角，都以东偏为正（+），西偏为负（-）。

3）方位角的量读和磁坐方位角的换算

在图上量读坐标方位角。在量取某点至目标点的坐标方位角时，先将该点和目标点连成直线，使其与坐标纵线相交（若两点在同一方格内，可延长直线），然后，用量角器按方位角的定义量读。

磁方向角与坐标方位角的换算关系为：坐标方向角＝磁方向角＋（±磁坐偏角）。

三、现地使用地图

（一）方位判定

方位判定，就是辨明东、西、南、北方向，明确站立点与周围地形的关系位置。它是实施正确指挥和采取正确行动的基础。方位判定具体方法见本章第四节。

（二）地图与现地对照

现地使用地图，要能随时辨明正确方位，确定站立点、目标点在图上的位置，了解周围地形情况，因此，必须随时注意与现地对照。

1. 标定地图

标定地图，就是使地图方位与现地方位一致，以便于现地使用地图。

1）概略标定

在明确现地方位的基础上，将地形图上方对向现地的北方，则地图的方位即已概略标定。

2）用指北针标定

使指北针的准星朝向地图上方，直尺边与图上的磁子午线重合，然后水平转动地图，使磁针北端指零，则地图方位即已标定。

3）依直长地物标定

直长地物，是指现地和图上都有的又直又长的物体，如路段、河渠、土堤等。先在地图上找到与现地相应的直长地物符号，将地图放平转动，使图上的直长地物符号与现地直长地物的方向一致，再对照两侧地形，确认无误后，则地图方位即已标定。

4）依明显地形点标定

明显地形点，是指现地和图上都有的突出地形点。如果站立点在图上的位置已经确定，可环顾四周，选择远方一明显地形点做目标点，然后将直尺切于该两点，使目标点在前，转动地图使直尺边对准实地目标点，则地图方位即已标定。

2. 确定站立点在图上的位置

现地使用地图须随时确定站立点在图上的位置，以便利用地图了解周围地形和遂行作战任务。确定站立点的主要方法有以下三种。

1）地形关系位置判定法

站立点在明显地形点的近旁时，先标定地图，然后进行现地对照，逐一判定出站立点四周明显地形点在图上的位置；再依据它们对于站立点的关系位置，在图上确定站立点的位置。

2）截线法

站立点在直长地物上时，先标定地图，然后在直长地物的侧方选择一个图上和现地都有的明显地形点，将直尺切于图上该地形点上，然后以该地形点为轴心转动直尺，照准现地该地形点，并描绘方向线，使之与直长地物符号相交，该交点即为站立点的图上位置。

3）后方交会法

站立点附近无明显地形点时，先标定地图，然后选择图上和现地都有的两个明显地形点，在图上一个地形点上插一细针，将直尺边靠针转动，对准现地的地形点，并描绘方向线；再用同样的方法对准另一地形点，并描绘方向线，图上两方向线的交点，就是站立点的图上位置。

3. 确定目标点在图上的位置

作战中需要将地形目标与战术目标标绘在地图上，以便量取坐标、指示目标和确定射击诸元。确定目标点在图上的位置，是在确定站立点在图上的位置之后进行的，主要方法有以下三种。

1）地形关系位置判定法

首先观察实地目标点与周围明显地形点的关系位置（方位、距离、高差等），然后在图上找出相应符号，并依关系位置确定目标点的图上位置。

2）截线法

当目标点位于直长或线状地物上时，可在站立点标定地图方位，以直尺切于图上站立点并对准目标点绘方向线，其与直长或线状地物符号的交点，即为目标点的图上位置。

3）前方交会法

当目标较远且明显地形点较少时，可在便于运动的地区，找到两个与目标点交角较好的明显地形点，先在其中一点标定地图方位，用直尺切于图上该站立点，对准目标点描绘方向线；再在另外一点用同样的方法对准目标点并描绘方向线，两条方向线的交点，即为目标点在图上的位置。

(三) **按地图行进**

按地图行进，就是利用地形图选定行进路线，通过地图与现地对照，保证沿选定的路线到达指定地点。

1. 行进前的准备：一标、二量、三熟记

1）一标：标绘行进路线

根据受领的任务、敌情、地形和部队装备等情况，在图上选定行进路线。选择时，力求短捷、通畅、方位物多、起伏小、隐蔽和安全，着重考虑和研究路线上与行进有关的地形要素，如地貌起伏、沿线居民地、山垭口及桥梁、渡口的状况等。应沿路线选定明显突出、不易变化的目标作为方位物。

标绘行进路线，就是将选定的行进路线（起点、转折点和终点）及方位物，用彩笔醒目地标绘在地图上，并按行进方向顺序编号，以便行进中对照检查。

2）二量：量取里程，计算时间

行进路线较长时，应按明显方位物，分段量取各段里程，得出全程里程，并计算时间。从图上量得的里程应根据地表起伏情况进行坡度及弯曲改正。

3）三熟记：熟悉记忆行进路线

根据地形图，主要熟悉记忆沿途经过的村镇、河流、桥、岔路口、城市中的突出建筑物等方位物和地形特征，以及各段里程和行进时间。

2. 行进要领

行进时要做到"三明"，即方向明、路线明、位置明。在出发点上先标定地图，对照地形，判定出发点的图上位置，明确行进的道路和方向，然后计时出发，凭预先对沿途地形和方位物的记忆行进。

行进中应边走边对照，随时明确站立点的图上位置，清楚已走过的路线和里程；随时明了前方将要通过的方位物和到达的位置等，力求做到"人在路上走，心在图中移"。在经过岔路口、道路转弯点、居民地出入口时，应及时对照地形，以保持正确的行进方向；遇到地形与地图不一致时，应仔细对照，全面分析，待确有把握后再继续行进；发现走错路时，应立即停止前进，对照地形，判明是从什么地方出错的，再根据情况决定另选迂回路线或返回原路，回到正确路线后，继续行进。

夜间行进视度不良，地图与现地对照较难，容易迷失方向。行进前更要认真分析和熟记沿途地形特征，尽量选择道路近旁的高大地物和透空可见的山顶、鞍部等作为方位物，准备必需的照明、联络器材，明确相关信号。行进中，可用指北针或北极星标定地图，多找点、勤对照，采用走近观察、由低处向高处观察、由暗处向明处观察等方法，还可根据水声、灯光等判断溪流和居民地的位置，及时确定站立点的位置，判定行进方向。

实训项目

1. 地形关系位置判定法确立站立点训练。
2. 识别地物符号训练。

第五章

防空警报

> **教学目标**
>
> 了解人民防空的任务，学会识别防空警报信号，把握疏散措施，提升应对突发事件和战争的能力。

第一节 人民防空

人民防空是现代国防的重要组成部分，是国民经济和社会发展的重要方面，是现代城市建设的重要内容，是利国利民的社会公益事业。

一、人民防空的定义

人民防空是国防和国家建设的组成部分，简称人防，指的是国家根据国防需要，动员和组织人民群众采取防护措施，以防范和减轻空袭危害的活动。它同要地防空、野战防空共同组成国土防空体系，是现代国防的重要组成部分。人防、物防和技防是安全防范的三个范畴，人防更是古已有之的传统防范手段，比如人员巡逻、站岗、放哨等。基础的人力防范是利用人们自身的传感器（眼、手、耳等）进行探测，发现伤害或破坏安全的目标，作出反应；用声音警告、恐吓、设障、武器还击等手段来延迟或阻止危险的发生，在自身力量不足时还要发出求援信号，以等待救援。

二、人民防空的重要意义

随着空袭兵器，特别是高技术空袭兵器的发展，空袭的破坏能力迅速提高，成为高技术强敌制胜的主要手段，从而使防空越来越困难，也越来越重要，防空作战的成败已成为高技术局部战争胜负的决定性因素。

人民防空和要地防空、野战防空三者相辅相成，同为国家防空的重要组成部分，共同担负战时防空、保存战争潜力的任务。战争潜力虽然平时不表现为直接的战斗力，但战时却能根据需要迅速转化为实际战争能力。因此，战争潜力是战争胜负的最终决定因素。尤其是高技术条件下的局部战争，作为综合国力的较量，对战争潜力的依赖性更强，只有确保潜力，才能最终打赢。因此，人民防空具有特别重大的意义。

（一）人民防空能有效地保存国家经济潜力

我国人民防空的重点是国家政治、经济中心的大、中城市，这些城市中的重要交通、通信、电力、水利、仓库等设施，是国民经济的支柱。加强人民防空建设，严密组织防护，对提高这些目标的生存能力将发挥重要作用。高技术空袭虽然难以彻底防范，但通过合理的分散布局，尽可能地下化，严密的伪装保护，积极组织抢救、抢修等，将空袭损失控制在一定程度上还是可能的。

（二）人民防空能有效地保存人力资源、稳定民心士气

人力资源是战争潜力的重要组成部分，是维持战争能力的源泉，在历次战争中，受害极大，伤亡惨重。我国人民防空以保护人民群众的生命和财产安全为重要任务，强调通过人民防空教育和训练，提高全民的防空意识和防护技能，注重修建规模合适的人员防护工程和人口疏散地域，力求战时快速救治，这必将在未

来保存人力资源方面发挥巨大作用。人民防空能稳定民心士气。高技术空袭一旦发生,大量建筑物被毁,居民生活环境恶化,生命和财产安全受到严重威胁,极易引起心理恐慌和行动失措,动摇民心士气。对此,只有通过平时的人民防空教育,战时广泛深入的人民防空动员以及切实有效的人民防空措施,才能使广大群众做好心理准备,增强防护信心,从而处乱不惊,始终保持旺盛斗志。

(三) 人民防空在城市建设中发挥着多重作用

城市是人防建设的载体。加强人防建设,能够在满足战时需要的同时,增强抗震抗损毁的能力,减轻各种灾害事故的破坏程度,是建设安全型城市的需要。汶川地震因房屋倒塌导致大量人员伤亡的惨剧,也从建筑安全角度说明了在城市建设中落实人防要求的必要性和紧迫性。人防建设对提高城市土地利用效率、缓解城市中心密度、促进人车立体分流、扩大基础设施容量、减少环境污染、改善城市生态、完善城市功能等方面有着独特的作用。

三、人民防空的总目标和基本措施

(一) 人民防空的总目标

人民防空的总目标是:建立统一高效的组织指挥体系、布局合理的防护工程体系、灵敏可靠的通信警报体系、精干过硬的专业队伍体系、保障得力的人口疏散体系、现代化的科研和人才培育体系,努力提高人民防空的整体抗毁能力、快速反应能力、应急救援能力和自我发展能力,以应付现代战争及重大灾害事故,有效地保护国家和人民的生命和财产安全。

(二) 人民防空的基本措施

(1) 规定人民防空接受军地双重领导,保证居民能尽快获得敌空袭信息,并参加联合防空袭斗争。

(2) 建立人防警报通信系统,及时指导居民开展防护。

(3) 建立人防工程或疏散基地,保证居民的安全隐蔽。

(4) 组织和训练人防专业队伍,及时消除空袭后果。

(5) 普及人防知识和防护技能,提高居民的自救互救能力。

(6)人防机构协助社区、企业等制订防空袭、防灾害预案,保证一旦遭受敌空袭或灾害,能够立即组织居民进入防护状态。

四、人民防空的任务

(一)人民防空的基本任务

人民防空的基本任务是:根据现代战争的特点,动员和组织人民群众采取防护措施,与敌人的空袭作斗争,保护人民的生命和财产安全,避免和减少国民经济损失,保存战争实力。

(二)人民防空的主要任务

(1)对人民群众进行战备思想教育和防空知识教育,修建各种类型的防护工程,使居民和主要物资得到可靠防护。

(2)建立通信警报系统,准确快速传递、发放防空警报和保证指挥畅通。

(3)组织和训练防空专业队伍,战时消除空袭后果。

(4)制定人员、物资的疏散计划和有组织有秩序地疏散、转移。

(5)协助有关部门控制城市规模和调整工业布局,以及对国民经济的重要目标进行防护。

人民防空的任务涉及范围比较广,组织实施极为复杂,需要各部门通力合作,按照各自的职能范围完成所规定的任务。

实训项目

简述人民防空的作用。

第二节 防空警报

防空警报是城市防空工程的重要组成部分,平时用于抗灾救灾和突发事故情况下的灾情预报和紧急报知,战时用于人民防空,是各级人民政府实施人民防空指挥、组织人员疏散的基本手段,是在城市受到空袭威胁时鸣响的提醒人们防空的警报。

一、防空警报操作设备

（一）警报器的种类

警报器分为电动警报器、电声警报器、手摇警报器三种。电动警报器由电动机作为警报器的主要器件，把电能转为声音；电声警报器由主机功放和扬声器组成；手摇警报器是电动警报器和电声警报器的补充预警设备。控制设备分为有线控制和无线控制两种。供电系统分为市电供电和自供电两种。扩音设备有高音喇叭和平音喇叭。防空警报声音频率为 500±20 赫兹。

（二）警报器的组成

警报器由鸣轮、定轮、定位座、定位器、不锈钢罩、电动机、底座等主要部件组成，分立式和卧式两种。

鸣轮是警报器中最重要的部件，在工作中高速运转而产生声源。定轮是与鸣轮高度配合的部件，通常有 10 个左右的发音窗口，发音窗口与鸣轮的发音叶片相等。定位座是固定定位器的支座。定位器使鸣轮在非工作状态下或停机后发音窗口能自动闭合，以防止老鼠、飞鸟、蜘蛛、空中风吹的杂物等进入警报器内，起到保护警报器的作用。不锈钢罩一方面对声音折射后起扩声作用，另一方面对整个警报器起保护作用，防止雨水进入警报器内。电动机是警报器的动力，带动鸣轮旋转，起到发声的作用。底座是整个警报器的支架。

警报器通过电动机带动鸣轮高速运转，一般转速在每分钟 2 880 转左右；当电机带动鸣轮转动时，空气从侧面的进风口进入鸣轮，对吸收的空气产生高速高压向定轮的窗口同时挤出而产生共鸣。

二、识别防空警报种类

防空警报分为预先警报、空袭警报和解除警报三种。

1. 预先警报

鸣响 36 秒，停 24 秒，反复 3 遍为一个周期，时间为 3 分钟。市民立即停止一切工作,把家中电源拉闸断电,关好煤气、熄灭火种、关好门窗,携带有效证件、生活必需品及防护器材,迅速撤离到附近地下防空避难所、人防工程、防空洞。

2. 空袭警报

鸣响6秒,停6秒,反复15遍为一个周期,时间为3分钟。无法进入地下防空避难所、人防工程、防空洞时,市民应利用地形地物就近隐蔽,趴在地上双手抱头。

3. 解除警报

连续鸣响一长声,时间为3分钟。市民可走出地下防空避难所、人防工程、防空洞,恢复正常工作。

三、疏散措施

一般防空警报设备都设置在城市的建筑物楼顶,由武装部门或街道、企事业单位的保卫部门管理。

(一)早期疏散

早期疏散是指国家在预测并侦察到战争将要爆发至国家宣布进入战争状态这段时间内,按照国家或战区发布的动员令,组织城市居民、物资、工厂、设施等按计划分批进行的疏散。

(二)临战疏散

临战疏散是指国家在宣布进入战争状态后至战争爆发这段时间内,按计划组织以城市居民为主的疏散。

(三)紧急疏散

紧急疏散通常指首次空袭前24小时内,或在空袭的间隙中实施的撤退隐蔽行动。在组织紧急疏散时,应根据城市的地形条件、人口数量和密度、工事布局等情况,按照统筹兼顾、保障重点的原则,进行全面安排,有重点地分配使用人防工事;科学确定疏散工作的程序,协调好各方面的关系,运用好专业力量,迅速将计划疏散的人员疏散到预定地区和工事内。

四、试鸣方式

我国一些城市安排每年的某一天进行防空警报的测试。测试时间一般为15分钟，依照空袭警报、紧急警报和解除警报的顺序鸣响。一是为悼念该城市在空袭中遇难的人民，二是检验人防设备，三是进行国防教育。一些单位也会在这一天安排防空演习。防空警报试鸣之前要在报刊等新闻媒体上公布，以免造成社会恐慌。

遇到战争、灾害时，市民一旦听到警报要尽快进入人防工事，除做好行动准备和防护动作以外，当生化威胁征兆明显、响起空袭警报时，防毒面具需挂在胸前或直接戴上。市民快速到达工事口部时还要服从工事负责人的疏导，不停留、不拥挤、不吵闹；不背包、不夹包、不提包；抱小孩，不牵小孩走；无灯时，要腾出右手，靠右侧探摸，快速进至工事安全区。

在战时或演习的情况下听到防空预先警报时，大家不要慌，首先关好门窗，关闭电源、天然气，带上水、药品和有关证件，按照防空部门指定的地点，有计划地疏散。听到空袭警报后，若来不及疏散，如果在室内，就赶快到墙角或桌子底下趴下；在室外找开阔地、草地、有台阶的地方，趴到台阶底下，然后两手交叉，放到胸前，嘴巴微张，防止爆炸带来的冲击波，如果没有台阶，跑到低洼的地方趴下。

实训项目

1. 查询并熟悉防空警报。
2. 紧急疏散演练。

参 考 文 献

[1] 郑文翰. 军事大辞典［M］. 上海：上海辞书出版社，1992.

[2] 总参谋部军训部. 战术学基础［M］. 北京：解放军出版社，1987.

[3] 艾跃进，等. 大学军事课教程［M］. 北京：国防大学出版社，2015.

[4] 王永敏，韩毅. 新编大学生军事课教程［M］. 北京：国防大学出版社，2018.

[5] 李先德. 大学生军事课教程［M］. 北京：北京理工大学出版社，2016.

[6] 赵荣. 新编高等学校军事课教程［M］. 长沙：国防科技大学出版社，2015.

[7] 中共中央文献研究室. 十七大以来重要文献选编（中）［M］. 北京：中央文献出版社，2011.

[8] 中共中央文献研究室. 十八大以来重要文献选编（上）［M］. 北京：中央文献出版社，2014.

[9] 陈世润，熊标. 革命道路·革命理论·革命精神：毛泽东对中国革命的历史贡献［J］. 科学社会主义，2013.

[10] 邱小云. 论中共民主革命时期的革命精神史［J］. 江西社会科学，2013.

[11] 姚桓，孙宁. 建设社会主义核心价值体系需要弘扬中国共产党的革命精神［J］. 当代马克思主义研究，2012.

[12] 魏书胜. 论中国共产党的"实事求是"政党文化精神［J］. 马克思主义研究，2012.

[13] 郭亚丁. 论中国共产党的革命精神——从"红船精神"到"西柏坡精神"的历史思考 [J]. 中国延安干部学院学报, 2011.

[14] 中共中央党史研究室. 中国共产党历史（上下卷）[M]. 北京：中央党史出版社, 2011.

[15] 马新发. 中国共产党革命精神研究 [M]. 北京：中国社会科学出版社, 2006.